A. Kiessling, U. von Willamowitz-Moellendorff

Philologische Untersuchungen

Zweites Heft: zu den augusteischen Dichtern

A. Kiessling, U. von Willamowitz-Moellendorff

Philologische Untersuchungen
Zweites Heft: zu den augusteischen Dichtern

ISBN/EAN: 9783743649972

Hergestellt in Europa, USA, Kanada, Australien, Japan

Cover: Foto ©Thomas Meinert / pixelio.de

Weitere Bücher finden Sie auf **www.hansebooks.com**

PHILOLOGISCHE UNTERSUCHUNGEN

HERAUSGEGEBEN

VON

A. KIESSLING UND U. v. WILAMOWITZ-MOELLENDORFF.

ZWEITES HEFT:

ZU AUGUSTEISCHEN DICHTERN.

BERLIN
WEIDMANNSCHE BUCHHANDLUNG.
1881.

FRANZ BVECHELER

ZVM 13. MAERZ 1881

DIE VERFASSER.

Inhalt.

		Seite
F. LEO, über einige Elegien Tibulls		1
1 Einleitung		1
2 über II, 5		3
3 „ I, 4		16
4 Tibull und Delia		19
5 über I, 3		23
6 „ I, 1		28
7 „ I, 2		34
8 „ I, 5		39
9 „ I, 6		41
10 Zur Beurtheilung Tibulls		44
A. KIESSLING, Horatius		48
1 zur Chronologie und Anordnung der Oden		48
2 zur Interpolation und Interpretation der Oden		75
Nachträge		120
Sachregister		121
Stellenregister		122

Über einige Elegien Tibulls*).

1.

Die römischen Elegiker haben stets Leser gehabt, die den Dichter als Dichter lasen, seiner eignen Weise nachgingen und bei Beurtheilung von Plan und Zusammenhang den Charakter der Dichtgattung in Betracht zogen; aber ihre Exegeten sind selten solche Leser gewesen. Vor allen die Gedichte Tibulls müssen immer wieder die Erfahrung machen, dafs sie nicht vernehmlich genug zum Ohr des Kritikers reden: immer wieder, seit Joseph Scaliger die Distichen Tibulls durcheinander warf wie es seiner tyrannischen Laune behagte.

Der Bann des grofsen Namens und die Gleichgültigkeit der niederländischen Latinisten gegen wirkliche Überlieferung machten es möglich, dafs man über anderthalb Jahrhunderte lang Tibull mit Scaligers Umstellungen las. Auch später steht Heyne noch entschieden unter seinem Einflufs. Nach Heyne und den Arbeiten Vofs' und Huschkes (der wie Broukhuis nur die Einzelheiten erklärt) machte zuerst Dissen den zusammenhängenden Versuch, durch positive Auslegung und stete Erfassung des Ganzen Scaliger zu widerlegen; nur konnte sein flacher Schematismus und seine 'alles verwaschende' Ästhetik weder oft das Rechte treffen, noch im grofsen überzeugend wirken. Gruppe, der viel richtiger

---

*) Der Druck dieses Aufsatzes ist seit fast einem Jahre vollendet; sein Erscheinen ist durch äufsere Umstände verzögert worden. Arbeiten, die auf die hier ausgesprochnen Ansichten von wesentlichem Einflufs sein könnten, sind meines Wissens in der Zwischenzeit nicht erschienen.

empfand als Dissen, verfuhr wieder zu unmethodisch, um die Kritik wesentlich zu beeinflussen. Lachmann und Haupt edierten den Text in reiner Gestalt und überliefsen Nachdenken und Verständnis dem Leser: Lachmanns Bemerkungen in der Recension von Dissens Tibull fördern nur den, der sich die Mühe giebt Lachmann zu verstehen; und Haupts Einspruch gegen die Haaseschen Umstellungsversuche vom Jahre 1857 ist erst in den opuscula (III s. 30 ff.) erschienen.

So kommt es, dafs die Leistungen der Neueren im allgemeinen einen Rückschritt hinter Dissens Exegese bezeichnen. Sie verwenden das logische Winkelmafs wo Scaliger die Richtschnur seines persönlichen Wohlgefallens anlegte; sie rücken und schieben wo unter Scaligers Hand die Fetzen flogen. Und dabei beanspruchen ihre Gründe mehr Gewicht als Scaligers Machtsprüche.

Was not thut, nämlich Exegese des ganzen oder des einzelnen mit Bezug auf das ganze, hat Vahlen in seiner vorzüglichen Auslegung dreier Elegien Tibulls (Monatsberichte der Berliner Akademie 1878 S. 343—356) gezeigt.. Ich hoffe in den folgenden Bemerkungen bei gröfserer Ausführlichkeit die gleiche Methode zu befolgen. Beginnen werde ich mit dem 5. Gedicht des 2. Buches, das die Eigenheiten des Dichters wie mir scheint am merklichsten und sogar, als ein Erzeugnis seiner letzten Periode, schon in etwas manierierter Weise hervortreten läfst. Es eignet sich überdies, als das vielleicht meistbestrittene, sehr wohl zur ersten Probe.

Was die Überlieferung betrifft, so halte ich den von Bährens in seiner Ausgabe (Leipzig 1878) gegebenen Apparat für völlig ausreichend. Die Wolfenbüttler Handschrift hat Bährens im wesentlichen richtig gewürdigt; d. h. wo sie mit den Pariser Excerpten stimmt, liegt in der That reinere Überlieferung als in den übrigen Handschriften vor. Die Echtheit der Excerptenüberlieferung ist durch Stellen wie IV, 1, 96. 102. 104, wo das Fragment des Cuiacius vorliegt, gesichert. Dagegen ist auf den Guelferbytanus nirgends Verlafs wo die Kontrolle der Excerpte nicht vorhanden ist. Denn dafs die Handschrift interpoliert ist, und zwar gegenüber der Vulgatüberlieferung, das bezeugen gleichfalls Stellen wie IV, 1, 27. 39. 138; 3, 20; 8, 8. Auf Einzelnes werde ich gelegentlich eingehen. Der Polemik gegen Änderungen glaube ich überhoben zu sein wo ich die Richtigkeit der Überlieferung nachweise.

2.

Die 5. Elegie des 2. Buches, ein Gedicht dessen Schwierigkeiten am Tage liegen, hat trotz aller späteren Anfechtungen in doppelter Weise ein günstiges Schicksal erfahren: von Scaliger ist sie überaus schonend behandelt worden; aufser der Umsetzung von v. 61. 62 nach v. 42 und der Verpflanzung zweier Distichen (6, 15 bis 18 nach v. 112) liefs er sie in ihrem Bestande unangetastet, und mehr, er verteidigte sie, einem äufseren Indicium der künstlerischen Einheit folgend, gegen die in der handschriftlichen Tradition wie in den alten Ausgaben beliebte Zertrennung in zwei Teile (1—38 und 39 ff.). Lachmann aber gab grade an diesem Gedicht das Beispiel, wie man eine Elegie Tibulls als Ganzes zu fassen und in den für das Ganze bestimmenden Übergängen und Gedankengruppen zu erläutern habe (Kl. Schr. II S. 156 ff.).

Die Commentatoren von Broukhuis bis Dissen hatten sich, nur Heyne ausgenommen, leichthin mit den Absonderlichkeiten des Gedichtes abgefunden. Nach Lachmann erst erklärte es Gruppe (S. 76—95) in ausführlicher Erörterung für ein Brouillon des durch den Tod in seiner Arbeit gestörten Dichters. Den folgenden Auslegern (Korn Bubendey Wisser Bährens, vgl. auch R. Richter in Bursians Jahresberichten V p. 290) gilt die Elegie mit Gruppe für unvollendet oder für stark interpoliert oder beides — mit Umstellungen ist öffentlich nicht experimentiert worden. Man könnte demnach das Urteil Gruppes als 'anerkannt' bezeichnen, wenn nicht Haupt und Vahlen (S. 344) auf Lachmanns Seite ständen.

Lachmann (S. 156) erkennt als Kunstzweck der Elegie 'ein Fest- und Ehrengedicht in der Form eines Gebets, aber aus elegischer Stimmung, d. h. aus einer subjektiven Stimmung des gegenwärtigen Lebens'. Die subjektive Stimmung äufsert sich in den immer neu sich hinzudrängenden Bildern ländlich unschuldigen Daseins und der daran sich knüpfenden Liebesklage: diese nicht leidenschaftlich und stürmisch, wie in den Nemesisliedern sonst, sondern sanft gemildert und in die festliche Sphäre des Ganzen gehoben. Keineswegs aber bewegen sich die dem feierlichen Anlafs eigentlich gewidmeten Teile in gleichmäfsig würdevollem und getragnem Schritte; der leichter geschürzte Ton der Abschweifungen macht sich geltend und spielt etwas Schalkhaftes selbst in die Anrufung des Gottes hinüber: zu Anfang v. 7 *nunc indue vestem sepositam, longas nunc bene pecte comas* und zum Schlusse v. 121 *adnuc: sic tibi sint intonsi, Phoebe, capilli, sic tua perpetuo sit tibi casta soror* (mit Anklang an v. 64), vor allem in der plötzlichen und höchst wirksamen Nebeneinanderstellung von Phoebus und Amor (105 ff.), die dann ihr Gegenstück in der Bitte an Nemesis findet, ihm nicht die Lebenskraft zu rauben ehe er den künftigen Triumph des Messalinus habe besingen können (113 ff.).

'Ein Fest- und Ehrengedicht in der Form eines Gebets'. Ehe wir uns mit dieser Auffassung zufrieden geben, müssen wir uns die Frage stellen, ob es nicht ein Lobgedicht sei: denn zu dieser Annahme scheint v. 3. 4 zu drängen:

nunc te vocales impellere pollice chordas,
nunc precor ad laudes flectere verba meas.

Hier ist, wie schon von Itali mehrfach erkannt worden, die Überlieferung sicherlich nicht richtig. *Ad laudes meas* kann heifsen entweder 'zu meinem Lobe', was nicht angeht, oder allenfalls 'zu meinem Loblied'; eine Zweideutigkeit mit solcher Alternative ist überaus unwahrscheinlich; aber auch abgesehen davon ist die zweite Erklärung nicht statthaft. Der Dichter singt wohl dem Gotte ein Lied nach (σὺ μὲν ἄμμιν, ἐγὼ δ' ἑτέροισιν ἀείσω), aber dafs Gott und Dichter gleichzeitig singen ist keine mögliche Vorstellung. Lachmann schreibt *mea*, was ich eben so wenig für das Richtige halten kann: denn der Gott soll spielen und singen *(cum cithara carminibusque veni)*, nicht der Gott spielen und der Dichter singen. Diesem Bedenken entgeht Vahlens Änderung; aber ich muss gegen *novas* den Einwand erheben, dafs man nach

v. 1 *(novus ingreditur tua templa sacerdos)* unter den *laudes novae* nur die des Messalinus, dem zunächst die Feier gilt, verstehen könnte: daſs aber diese Beziehung nicht statthaft wäre, bemerkt Vahlen selbst und vor ihm Lachmann s. 157. Der Dichter selbst sagt v. 115, dass an Messalinus vorläufig noch nichts zu rühmen ist.

Auf welche Person überhaupt die laudes gehen sollen ist viel erörtert worden. An Messalla dachten Lachmann und Vahlen, beide zweifelnd; die Beziehung auf Augustus wies Lachmann zurück: und in der That bietet das Gedicht im Verlauf weder für den einen noch den andern einen Anhalt. Neuerdings griff Bährens (Tibullische Blätter S. 25) auf die alte Conjectur *tuas* zurück und verstand das Lob des Gottes selbst; vgl. auch F. Tank de tristibus Ovidii recensendis (Diss. Greifswald 1879) s. 62. Diese Auslegung hält so wenig Stich wie die andern: einmal kann Phoebus nicht aufgefordert werden, sein eigenes Loblied einzugeben oder gar vorzusingen; dann aber (und das ist entscheidend) enthält Tibulls Gedicht überhaupt nicht laudes im eigentlichen Sinne. Es wird behauptet, v. 11 beginne das Lob des Gottes. Das ist irrtümlich. v. 11—16 (und weiter würden die laudes nicht reichen) dienen nur dazu, die an den Gott als Zukunftkünder zu Gunsten des neuen Quindecimvir gerichtete Bitte einzuleiten und zu motivieren. Von da an wird nur der Preis der ewigen Stadt, keines Gottes oder Menschen, gesungen. Dagegen wird Phoebus während des ganzen Liedes, das heiſst während der heiligen Handlung, als gegenwärtig gedacht und nach v. 17 noch v. 65, 79, 105 und zum Schlusse v. 121 angeredet.

Es folgt daraus, daſs die laudes überhaupt nicht auf den Inhalt des Gedichts gehen, und daraus folgt wiederum, daſs ein äuſserlicher Anlaſs den Dichter bewogen haben muſs, von dem zur Feier erschienenen Gotte Saitenspiel und Lobgesang zu erbitten.

Dissen und Lachmann haben darauf hingewiesen, daſs man als Schauplatz des Liedes den nicht lange vorher geweihten palatinischen Apollotempel zu denken hat, in dem vielleicht schon damals, wie sicher später (Suet. Aug. 31), die sibyllinischen Bücher aufbewahrt wurden. Der Gott wird angeredet:

die Anrede richtet sich an die Tempelstatue des Gottes (auch hierauf macht bereits Dissen aufmerksam). Die Statue ist der Apollon Kitharoedos des Skopas: es ist evident, dafs das dem Gotte vorgeschriebene Kostüm der Statue direkt entnommen ist. Er soll kommen spielend und singend; er soll das Haupt mit dem Triumphlorber schmücken, ein erlesenes Gewand anthun und das Haar sorgfältig kämmen: jeder einzelne Zug läfst sich belegen. Der vatikanische Musagetes ist, wenn nicht dem Werke des Skopas selbst nachgebildet, sicherlich ein auf diesem beruhender Typus[1]). Er trägt den Talar des Sängers, den pythischen Lorberkranz auf den üppigen Locken: den Kranz bezieht Tibull im Sinne des griechischen Künstlers auf das Triumphlied nach dem Gigantenkampf; dem Palatinus gehört er als dem Apollo Actius. dafs die statue nicht blofs als Attribut die Leier trug, lehrt deutlicher als die Monumente Properz (III 31, 5): *hic equidem Phoebo visus mihi pulcrior ipso marmoreus tacita carmen hiare lyra.* Er sang, und zwar sang er das Lied zum Preise Roms und Cäsars, wie einst nach Überwältigung der revolutionären Naturmächte zum Preise Juppiters. Dem Dichter, der den Gott zur Feier ruft, wird das herrliche Bild lebendig: wie im Marmor kommt Phoebus leibhaftig daher, und er schlägt die Saiten und singt sein Loblied wie im Marmor.

Es ist nun klar, dass in *meas* nichts liegen kann was von der Vorstellung des Apollo Palatinus ablenken würde. Vieles läfst sich denken. Die Vermutungen von Itali *(laudis-modos)*

---

[1]) Abgebildet bei Müller-Wieseler I t. XXXII n. 141 (Text S. 25); daselbst eine Münze des Augustus (vgl. Plin. nat. hist. 36, 5, 25) und eine des Nero (Suet. Ner. 25; vgl. Katalog des Berliner Münzcabinets n. 759). Vgl. die Nachweise in Müller-Welckers Handbuch (S. 119) und bei Urlichs Skopas S. 69. Dazu kommen Münzen des Hadrian (Roman medallions in the British mus. p. 5. n. 14. Fröhner médailles de l'emp. rom. 30), Antoninus Pius (Rom. med. p. 7, pl. VIII, 1), Marc Aurel (Fröhner p. 101), Commodus (p. 138); eine Gemme mit Apoll in vollem Kitharoedenkostüm bei King antique gems and rings II t. XVI n. 6, vgl. n. 2. Man kann auch die dritte Figur von rechts auf dem Pariser Musensarkophag (Nachweise bei Kekulé das akademische Kunstmuseum n. 483) vergleichen. Der Lorberkranz kehrt überall wieder.

Heyne *(laetos-modos)* Huschke *(laudis-melos)* tasten das durch v. 10 gesicherte *laudes* an; Voſs' *modis* ist sprachwidrig. Ich weiſs nichts besseres als *sacras*. Das Lied entströmt dem os sacrum, es wird zu den sacra gesungen (vgl. z. B. Ovid. rem. am. 252 *Apollo innocuam sacro carmine monstrat opem).* Die Änderung, unsicher freilich, ist weniger schwer als sie bei flüchtigem Anblick erscheint; zu *sacras-sacra* (v. 4 und 6) vgl. v. 81. 82.

Man könnte nun den Vorwurf erheben, daſs das Miſsverständnis, die laudes seien in der Elegie enthalten, durch den Dichter provociert sei. Eine noch genauere Betrachtung der Eingangsverse lehrt, daſs dieser Vorwurf ungerecht ist. Was bedeutet *ipse* v. 5? Dissen erklärt es aus dem Gegensatz zu *meas* oder *mea*; die andern schweigen. Es ist deutlich, daſs *ipse-veni* das vorhergegangene *huc-veni* verstärkend aufnimmt. Um diese Wirkung zu erreichen, muſs es aber mit v. 2 unmittelbar verbunden, es darf nur durch eine Parenthese von ihm getrennt sein. Und so sind die ersten Distichen zu lesen, die ich noch einmal hersetze wie sie sich durch die Beziehung des dreimaligen *veni* sowie von v. 10 auf v. 4, von *nunc* v. 7. 8 auf *nunc* v. 3. 4 vortrefflich zusammenschlieſsen:

Phoebe, fave: novus ingreditur tua templa sacerdos:
   huc age cum cithara carminibusque veni
(nunc te vocales impellere pollice chordas,
   nunc precor ad laudes flectere verba sacras),
5 *ipse triumphali devinctus tempora lauro,*
   dum cumulant aras, ad tua sacra veni;
sed nitidus pulcherque veni: nunc indue vestem
   sepositam, longas nunc bene pecte comas,
qualem te memorant Saturno rege fugato
10 *victori laudes concinuisse Iovi.*

Das in Parenthese stehende Distichon dient lediglich zur Ausführung von v. 2: *cum cithara carminibusque.*

'Du kennst die Zukunft', so redet der Dichter den herbeigerufenen Gott an, 'in deinem Dienst steht auch die Sibylle'. Das Verständnis ihrer Sprüche soll er dem Messalinus gewähren. 'Wie gewaltig sind die Schicksale, die sie von dir begeistert und darum niemals trügend den Römern ankündet!' Vor allen die erste Weissagung, die sie dem Aeneas gab, da er aus dem brennenden Troja den Vater und die Laren gerettet hatte. Diese Weissagung schickt sich der Dichter an zu berichten; aber es ist Tibull, 'dem die Gröfse Roms nur als ein Übergang aus einer reizenden Ländlichkeit wichtig ist'. Vor seiner Phantasie taucht das Bild der Vorzeit auf und schiebt sich vor die Gegenstände des Tages: die glänzende Feier mitten im Gewühl der ewigen Stadt verliert auf eine Weile ihren Schein und die Vorstellung wird übermächtig von dem friedlichen Zustande, da auf dem Palatin die Rinder weideten, Hirtenhütten auf dem Grunde des Capitolium standen und an Stelle der Juppiterstatue Schnitzbilder der ländlichen Götter; damals war das Velabrum von leichten Nachen bevölkert und an Festtagen ruderte wol das Mädchen zu ihrem Geliebten, dem begüterten Hirten, der ihr beim Abschied von seinem Reichtum erwünschten Tribut mitteilte: Ziegenkäse und ein schneeweifses Lamm. So hat sich der Dichter in Ausmalung seines idyllischen Bildes träumerisch verloren; aber hier schreckt ihn die beginnende Weissagung der Sibylle auf: 'rastloser Aeneas, Bruder des fliegenden Amor!', und nun bleibt er eine Weile beim eigentlichen Gegenstande seines Liedes.

Wie echt tibullisch diese Weise ist, einer sich vordrängenden Stimmung nachzuhängen, sie in allmählich gesteigerten oder, wie hier, leiser werdenden Tönen ausklingen zu lassen, bis gleichsam unversehens das verlassene Motiv sich kräftig wieder ankündigt und den Entrückten in die Wirklichkeit zurückreifst, darauf werde ich noch oft hinzuweisen haben. Um diese Kunstwirkung hervorzubringen, hat der Dichter die Rede der Sibylle ohne Übergang an die Schilderung der ländlichen Vorzeit angeschlossen (ἐψύχετο γὰρ ἄν εἰ παρενετίθει 'ἔλεγε δὲ τοιά τινα καὶ τοῖα' Über das Erhabene S. 45, 18 Jahn); darum beginnt die Rede mit dem lauttönenden Anruf, so dafs auch der nur Lesende, der poetischen Stimmung des Gedichts sich nicht hingebende Leser über den äufseren Zusammenhang nicht in Zweifel geraten kann.

Nicht mit derselben Bestimmtheit kann man behaupten, dafs die der Digression vorhergehenden Distichen, die das Orakel vorbereiten, keinen Zweifel zurücklassen. Vielmehr ist die ihnen anhaftende sachliche Unsicherheit der Grund, dafs selbst ein fein empfindender Mann wie Gruppe an der 'Parenthese' Anstofs nehmen konnte. Heyne, der die Digression zuerst in Klammern schlofs (Scaliger und Broukhuis machen keine Bemerkung über die Einflechtung der Idylle), begann dieselbe mit v. 23, darauf Lachmann mit v. 21. Ich setze die Verse zunächst ohne Barriere her:

> *haec dedit Aeneae sortes, postquam ille parentem*
> 20 *dicitur et raptos sustinuisse lares;*
> *nec fore credebat Romam, cum maestus ab alto*
> *Ilion ardentes respiceretque deos.*
> *Romulus aeternae nondum formaverat urbis*
> *moenia, consorti non habitanda Remo* u. s. w.

Man stöfst sich an den Worten *nec fore credebat Romam*. Diese geben irgend welchen Sinn nur, wenn die Weissagung als vor der Abfahrt bereits erfolgt zu denken ist, was denn auch Heyne mit Beziehung auf Dionys. I, 55 annahm. Für diese Auffassung scheint die Zeitangabe in v. 19. 20 zu sprechen. Die Sibylle ist dann die Idäische, von der E. Maafs de Sibyllarum indicibus p. 22 sq. nachgewiesen hat, dafs sie durch eine Fälschung des Demetrios von Skepsis an Stelle der Erythraeischen getreten ist: Herophile aus Marpessos (Paus. X, 12). Die 'Marpessia Herophile' wird aber von Tibull v. 67 unter den der 'Sibylla' entgegengesetzten Seherinnen genannt. Das wendet schon Dissen ein, und in der That ist hiermit deutlich gesagt, dafs unter der Sibylle des Aeneas nicht die troische verstanden ist. Nun hat Maafs S. 26 überzeugend dargethan, dafs Dionysios, der a. a. O. die Weissagung nach Ἐρυθραὶ σχεδόν τῆς Ἴδης, ἔνθα ᾤκει Σίβυλλα ἐπιχωρία νύμφη verlegt, seine Quelle mifsverstanden hat, indem er die ἐρυθρὰ γῆ des Demetrios auf die Stadt Erythrae bezog. Aber ist es wahrscheinlich, bei Tibull nicht etwa denselben Irrtum (das könnte auf Vorausliegen desselben in gemeinsamer Quelle führen), sondern den entgegengesetzten anzunehmen? Denn Tibull mufste Marpessos und Herophile anderswohin als nach der Troas verlegt haben. Diese Erwägung läfst es als undenkbar erscheinen, dafs der Dichter als Schauplatz der Weissagung die Troas betrachtet wissen wollte; vielmehr hat er diese Meinung ausdrücklich ausgeschlossen. Einiges ergibt das Orakel selbst. Wir lesen v. 45

ecce super fessas volitat Victoria puppes:
tandem ad Troianos diva superba venit.

Man muſs zugeben, daſs diese Worte κατὰ δύναμιν gesprochen sein können, daſs die Seherin sich in die Zukunft versetzen kann, die ihr vor Augen liegt. Aber der Eingang (v. 39):

inpiger Aenea, volitantis frater Amoris,
 Troica qui profugis sacra vehis ratibus,
 iam tibi Laurentes adsignat Iuppiter agros,
 iam vocat errantes hospita terra lares,

diese Verse können doch keinesfalls aus der Anschauung gedichtet sein, daſs Aeneas die Reise noch nicht angetreten habe: in ihnen waltet doch durchaus die Vorstellung einer jetzt überstandenen Irrfahrt. Wo haben wir uns nun die Stätte des Orakels zu denken? Daſs Tibull nicht die geringste Lokalfarbe zu seinem Gemälde giebt, keine Andeutung, die das in v. 19 ff. nahegelegte Miſsverständnis ausschlösse, ist meines Erachtens nur auf eine Weise zu erklären: er dachte sich den Ort der Weissagung da wo ihn die Römer seiner Zeit alle dachten und befragte weder den troischen Lokalpatriotismus noch griechische und römische ἀρχαιολογίαι. Die scheinbare Gelehrsamkeit v. 67 ff. erklärt sich leicht, wenn man nur an Tac. ann. VI, 12 Dio 54, 17 Suet. Aug. 31 denkt: man redete in diesen Zeiten viel gerade von den Sibyllen zweiten Ranges.

Welches ist nun aber die herrschende Anschauung der Tibull gefolgt ist? Offenbar die bei Vergil im 6. und unabhängig bei Ovid im 14. Buch auftretende, daſs Aeneas das Orakel in Cumae von der Sibylle empfing, die bei Ovid wie bei Tibull nur Sibylla heiſst, bei Vergil Deiphobe, bei Varro (Maaſs s. 32 ff.) Amalthea, Demo oder Herophile, von der Varro die Verhandlung mit Tarquinius erzählte, die für den Römer zweifellos die 'Romanos numquam frustrata Sibylla' κατ' ἐξοχήν war.

Wir verstehen demnach *postquam* v. 19 nicht perfectisch ('nachdem er grade getragen hatte'), sondern es hebt aoristisch die rühmlichste und bekannteste That des Mannes heraus, auf die auch gleich im Anfange des Orakels Rücksicht genommen wird. *nec fore credebat* setzt in loser Form die Andeutung von Aeneas' Schicksalen fort. Aber *nec fore credebat Romam* ist nun unmöglich: Aeneas kann von Rom nichts ahnen, wenn die Prophezeiung noch nicht erfolgt ist. Es mag indes einen Moment zugegeben werden, dafs sie vor der Abreise erfolgt sei, so mufs ich auch dann eine Ausdrucksweise, in der auf 'er glaubte nicht, dafs Rom sein' oder 'entstehen würde' folgt: 'Romulus hatte die Mauern Roms noch nicht aufgerichtet' einfach für albern halten. Schon das allgemeine 'Rom stand noch nicht' wäre platte Selbstverständlichkeit; aber das speciell gewendete 'Romulus hatte es noch nicht erbaut' ist unerträglich. Man fängt an zu begreifen wie jemand auf den Gedanken kommen konnte, das Distichon mit dem prächtig ἀπὸ κοινοῦ gestellten *ardentes* für untibullisch zu halten.

Rom darf v. 21 noch nicht genannt sein. Es darf nicht heifsen: 'als er vom hohen Meer auf das brennende Ilion zurückblickte, glaubte er nicht, dafs Rom entstehen würde', sondern 'er glaubte nicht, dafs er eine neue Heimat finden würde' oder vielmehr, 'dafs Troja wieder erstehen würde, eine Zukunft habe':

nec fore credebat Troiam, cum maestus ab alto
Ilion ardentes respiceretque deos.

Es liegt darin eine jedem Römer und jedem mit der römischen Poesie Vertrauten verständliche Zweideutigkeit. Aeneas führt die Troica sacra mit sich; das alte Troja wieder aufzubauen wird ihm nicht beschieden sein (bei Vergil deutet Aeneas den Wunsch an IV, 342 ff.); aber die Gründung Roms, die die Sibylle ihm verheifst, ist in der That die Gründung eines zweiten Troja[2]).

---

[2]) Parallelstellen bietet jeder römische Dichter höheren Stils, z. B. Verg. Aen. VII, 322 *funestaeque iterum recidiva in Pergama taedae*. X, 58 *dum Latium Teucri recidivaque Pergama quaerunt*. Propert. V, 1, 87 *dicam: Troia cades et Troica Roma resurges* vgl. v. 47. 53. Ovid. fast. I, 523 *victa tamen vinces eversaque Troia resurges*. rem. am. 281 *non hic nova Troia resurget*. Lucan. IX, 998 *moenia reddent Ausonidae Phrygibus Romanaque Pergama surgent*. Silius I, 103 *gens recidiva Phrygum*. XIII, 61 *locant melioris moenia Troiae.* 64 *iam Phryx condebat Lavinia Pergama victor armaque Lau-*

Die Prophezeiung ist nun eben so wohl vorbereitet und motiviert wie sich die Digression v. 23 ff. mit leisem Gedankenübergang von der untergegangenen Troerstadt zu der künftigen Troica Roma tadellos anschliefst[3]).

In der auf die Prophezeiung folgenden Partie ist es wiederum Heyne der die seitdem herrschende Auffasung eingeführt hat, die einzige mit der Überlieferung vereinbare. Es ist danach auch hier eine längere Digression und zwar nicht, wie an jener Stelle, zwischen Ankündigung und Eintritt der Rede, sondern zwischen Vorder- und Nachsatz anzunehmen. Der Vordersatz v. 67:

quidquid Amalthea, quidquid Marpessia dixit
Herophile, Phyto Graia quod admonuit,
quasque Aniena sacras Tiburs per flumina sortes
portarit sicco pertuleritque sinu,

dann in 8 Versen der Inhalt dieser Sprüche in Parenthese:

hae fore dixerunt belli mala signa cometen,
multus ut in terras deplueretque lapis u. s. w.

dann der Nachsatz:

haec fuerant olim; sed tu iam mitis, Apollo,
prodigia indomitis merge sub aequoribus.

Wir würden die grofse Härte, die in dieser Form des Ausdrucks unstreitig liegt, hinnehmen müssen, wenn sie durch einen klaren und unzweideutigen Gedankengang gestützt würde. Das ist nicht der Fall. Dissen erkennt einen scharfen Gegensatz in dem Sinne, dafs die erste Sibylle nur Gutes geweissagt habe, die andern Unheil. Dagegen bemerkt Lachmann, dafs vielmehr unter Amalthea wiederum die erste verstanden sei und erkennt folgenden Zusammenhang (S. 159): 'sie verhiefs dem Aeneas die Gründung

---

renti figebat Troia luco. Senec. Troad. 470 *eritne tempus illud ac felix dies, quo Troici defensor et vindex soli recidiva ponas Pergama et sparsos fuga cives reducas?* — Dasselbe hat es zu bedeuten, wenn die Sibylle, nachdem sie im höchsten Pathos von Rom und seiner Zukunft gesungen hat, schliefst: *Troia quidem tum se mirabitur:* d. h. das wieder erstandene Troja.

[3]) Wer an *Troiam* und *Ilion* im Vorder- und Nachsatz anstöfst, erinnere sich an Propert. IV, 1, 31 *exiguo sermone fores nunc Ilion et tu, Troia, bis Oetaei numine capta dei.* Vgl. Eurip. Tro. 1293 οὐδ' ἔτ' ἐστὶ Τροία. EK. λέλαμπεν Ἴλιος Περγάμων τε πυρὶ καταίθεται τέραμνα.

und die Weltherrschaft Roms. Was sie, Amalthea, und was die andern Sibyllen verkündeten (sie verkündeten Kometen- und Steinregen u. s. w.) das alles war sonst: nun tilge du alles Ungeheure noch bevor es sich zeigt'. Diese Erklärung ist nicht zu halten, denn erstens kann Amalthea ohne ausdrückliche Bezeichnung nicht als die Seherin von der bisher die Rede war verstanden werden: daran hindert der unvermittelte Satzbau und hindert v. 71 *hae fore dixerunt*; zweitens kann unter *haec fuerant olim* v. 79 nicht die verkündete Gröfse und Herrlichkeit Roms mitverstanden werden. Klarheit in solchen Beziehungen ist aber bei der Dunkelheit der überlieferten Wendung unerläfslich. Dafs also unter Amalthea und den Genossinnen andre als die Prophetin von der Zukunft Roms zu verstehen sind, darin müssen wir den Erklärern von Muret bis Dissen recht geben[4]). Dafs aber ihre Sprüche nur angeführt werden, um einen Gegensatz als Unglücksorakel gegen jenes heilvolle erste zu bilden, dafür ist kein Anhalt: in *haec fuerant olim* ist es nicht ausgedrückt und die Anknüpfung v. 67 bietet nichts dergleichen: nur durch den Inhalt macht sich dieser Gedanke geltend und wird geäufsert erst im folgenden: *sed tu iam mitis, Apollo* u. s. w.

Der das Gedicht bis zu diesem Punkte beherrschende, die Teile vereinigende Gedanke ist vielmehr die Wahrhaftigkeit der sibyllinischen Orakel. 'Phoebus, du schauest die Zukunft (v. 11), durch dich der Augur, der Aruspex, durch dich die Sibylle, die den Römern nie Trügerisches kündete, deren Sinn zu verstehen du nun dem Messalinus verleihen mögest. Sie hat Grofses geweissagt, sie hat dem am Vaterlande verzweifelnden Aeneas, als noch Herden auf der Stätte Roms weideten, die Zukunft der weltbeherrschenden Stadt vorausgesagt: und alles ist eingetroffen nach ihren Worten. Auch die andern Sibyllen haben geweissagt, seltsame und schreckliche Wunder wie die Erscheinung des Kometen, Steinregen, Waffenlärm am Himmel, gespenstige Stimmen im Walde,

---

[4]) Es ist aber klar, dass für Tibull die Identität der Amalthea und Cumana nicht daraus gefolgert werden kann, dafs wir Amalthea sonst nur noch aus Varro als einen von drei Namen der Cumana kennen (wozu Vergil den vierten fügt).

die Sonne lichtlos, thränenvergiefsende Götterbilder und zukunftredende Rinder — alles ist eingetroffen, wie wir selbst erlebt. Aber das lafs gewesen sein, Apollo, und versenke die schrecklichen Zeichen, ehe sie erscheinen, ins Meer'. Die Gröfse Roms hat sich auf natürlichem Wege gestaltet; die Prodigien, ein Hauptinhalt aller sibyllinischen Orakel, bedeuten durch ihre Seltsamkeit und Naturwidrigkeit eine Steigerung jener ersten Prophezeiung gegenüber. Dafs sie Unglück bedeuten, ist ihre zweite Eigenschaft und vermöge dieser geben sie den Übergang zur erneuerten Anrufung des Gottes.

Dieser einfache und scharf zu verfolgende Gedankengang erfährt eine Störung in v. 67 ff. Diese Stelle schliefst sich dem Sinne nach an die Rede der Sibylle an, sie mufs es aber auch dem Ausdruck nach thun. Von jener hiefs es v. 15:

te duce Romanos numquam frustrata Sibylla
abdita quae senis fata canit pedibus!

von diesen mufs es heifsen nicht: 'was die andern sangen, das ist gewesen', sondern: 'viel wunderbarer noch ist was die andern sangen'. Man erwäge, ob die Überlieferung bei gelindester Nachhülfe sich dem Sinne gefügt hat:

quid quod Amalthea, quid quod Marpessia dixit
Herophile, Phyto Graia quod admonuit,
quasque Aniena sacras Tiburs per flumina sortes
portarit sicco pertuleritque sinu?
hae fore dixerunt belli mala signa cometen
multus ut in terras deplueretque lapis u. s. w.
haec fuerant olim.

Ebenso furchtbar wie unglaublich sind diese Wunder; aber du, Phoebus, hast sie ihnen eingegeben und so sind sie erschienen. Doch in Zukunft (denn dafs der Gott Macht hat über die Ereignisse die er verkündet, ist eine von selbst erwachsende Vorstellung) banne die schrecklichen Zeichen und zum Beweise der Gewährung gieb uns, die wir hier dein Opfer ausrichten, ein günstiges und gutes:

sed tu iam mitis, Apollo,
prodigia indomitis merge sub aequoribus,

> *et succensa sacris crepitet bene laurea flammis,*
> *omine quo felix et sacer annus eat.*

letzteres mit Rücksicht auf v. 76 *vidit-nubilus annus*, wie in der Rede der Sibylle mehrfach Rücksicht auf die vorrömische Idylle genommen ist. Und so führt der Gegensatz des glücklichen Opferzeichens zu den Prodigien den Dichter auf den Unterschied zwischen Krieg, Mifswachs, elenden Zeiten und dem Glück friedlicher vom Himmel begünstigter Zustände: so lenkt das Lied unvermerkt wieder in den gewohnten Preis des ländlichen Lebens ein: v. 83

> *laurus ubi bona signa dedit (gaudete coloni),*
> *distendet spicis horrea plena Ceres* u. s. w.

Die neue Idylle endigt in harmlosen Liebesstreit der Burschen und Dirnen: sie endigt darin, weil sich hier das Empfinden des Dichters, der Gedanke an die eigene Liebe, bei der auch Thränen fliefsen, zu mächtig vordrängt. Halb schalkhaft ist der Übergang: 'Pfeil und Bogen müssen verschwinden; nimm mirs nicht übel, Phoebus, nicht deine Kunst schmähe ich, nur den Gebrauch, den Amor von ihr macht: v. 108

> *heu heu quam multis ars dedit illa malum!*
> *et mihi praecipue: iaceo cum saucius annum*
> *et faveo morbo (quin iuvat ipse dolor),*
> *usque cano Nemesin* [5]).

Nun wendet er sich an das Mädchen und ermahnt sie, mit Berufung auf den die Dichter schützenden Gott, ihn nicht zum äufsersten zu treiben: er habe noch eine grofse Aufgabe zu erfüllen, den einstigen Triumph des Messalinus zu besingen. Die Wendung ist überaus fein. Was hätte er dichten sollen zum Lobe des Jünglings der, mit Verdiensten noch nicht geschmückt, nur Gegenstand der Hoffnung ist? Er tritt zum Schluss selbst in die Rolle des Sehers und verkündet nach der Eingebung des Gottes, noch einmal in siegesfrohem Pathos:

---

[5]) Wie v. 83 durch Änderung der Interpunktion glaube ich v. 110 durch Änderung oder Umschreibung von *cum* in *quin* (Passeratius schrieb *tam*, Statius *dum*) dem Gedanken dort die concise Fassung, hier die erforderte Steigerung wiedergegeben zu haben.

>   cum praemia belli
> ante suos currus oppida victa feret,
> ipse gerens laurus: lauro devinctus agresti
> miles 'io' magna voce 'triumphe' canet.

Messalinus selbst trägt den Lorber wie Phoebus und der Vater, der mit der jauchzenden Menge Beifall klatschen wird. 'Solches gewähre', so schliefst, wie es begonnen, das Gedicht in der Gebetform, aber in leichterem, zuversichtlichem Tone:

> adnue: sic tibi sint intonsi, Phoebe, capilli,
> sic tua perpetuo sit tibi casta soror.

Die Elegie ist 'ein Fest- und Ehrengedicht in der Form eines Gebets, aber aus elegischer Stimmung, d. h. aus einer subjektiven Stimmung des gegenwärtigen Lebens'. Es beginnt mit der Herbeirufung des Gottes als des Zukunftkünders, es endigt in dem prophetischen Hinweis auf des jungen Messalinus einstigen Triumph. Nach dem Eingang und vor dem Schlusse steht in paralleler Ausführung die Darstellung ländlichen Glückes, in grauer Vorzeit und in der nächsten verheissungsvollen Zukunft, dort wie hier ausgehend in Liebesverkehr am festlichen Tage; zwischen beiden Idyllen in der Mitte die Prophezeiung der vornehmsten Sibylle von der Herrlichkeit Roms, die der übrigen von wunderbaren Zeichen der Natur. Hier ist alles mit Beziehung auf einander entworfen, wird alles in seiner Beziehung zu einander vom kunstverständigen Hörer empfunden: der wundersame Wechsel des Gegenstandes und Tones, bald unmerklich bald überraschend, aber zum Ganzen ebenmäfsig abgewogen und ausgeglichen, erzeugt die eine einheitliche elegische Stimmung. Das ist die Symmetrie der römischen Elegie.

3.

An diese ausführliche Erörterung schliefse ich die kurze Bemerkung, die mir über die Priapuselegie, die 4. des 1. Buches, zu machen bleibt. Dieses Gedicht, das durch Empfindung, Bilderfülle und einen, von der elegisch leidenschaftlichen Schlufswendung eigentümlich überschatteten keck humoristischen Grundzug⁶) ausgezeichnet ist, verdiente nach den Angriffen, die sie vor andern trafen, vor allen eine rettende Auslegung. Die hat Vahlen S. 346—352 so vollkommen gegeben, dafs man billig abwarten darf, ob wieder jemand den Versuch mit der logischen Schablone wagen wird. Nachdem nun Hübner (im Hermes XIV S. 310) auch die Stelle, die Vahlen noch Schwierigkeiten bereitete (v. 15), richtig erklärt hat, bleibt mir Allgemeines kaum noch zu bemerken. Nur eine für den Zusammenhang des Ganzen wichtige Stelle, die Schlufswendung der Rede Priaps, scheint noch nicht frei von Anstofs, obgleich Vahlen die Gedankenfolge richtig aufgezeigt hat (S. 350).

Priapus hat dem Dichter gerathen auszuharren, die Schwüre nicht zu sparen, eifrig im Dienst des Geliebten zu sein: so werde er seine Gunst erobern. In der Schilderung des glücklichen Erfolges unterbricht sich der Gott: es fällt ihm ein (v. 57), dafs früher wohl diese unschuldigen Mittel ausreichten, jetzt aber sei ihre Wirkung aufgehoben durch die Unsitte des Zeitalters, Liebe um theure Geschenke zu verkaufen. Selbst von Dichtern verlangen sie Gold, während doch nichts gröfsere Ehre bringt als Dichterliebe, und Misachtung der Musen von ganz niedriger Gesinnung zeugt. Solch ein Verächter verdient nicht zu lieben, er verdient gar nicht lieben zu können: er soll in unendlicher Irrfahrt dem Wagen der Idäischen Mutter folgen und zum Getöse phrygischer Melodien sich schmählich verstümmeln. Dann v. 71

blanditiis vult esse locum Venus ipsa: querellis
supplicibus, miseris fletibus illa favet.

---

⁶) Der Humor liegt schon in der Fiction des Gedichtes und tritt im einzelnen überall hervor: in der Anrede an den Gott (*certe* etc.), in der ganzen Argumentation Priaps, dem scheinbar schreckenden Eingang, den Übergängen in v. 15, 21, 57, dem Seitenblick auf Phoebus und Bacchus v. 37. 38, ferner in der Anwendung von Priaps Lehren v. 73 und dem magisterium des Dichters, bis zum plötzlichen Abspringen v. 81. Recht derb sogar ist es gemeint, dass der Triphallus auf die domina Gallorum anspielt, wie priap. 55, 6. Dieser Dichter kann sehr wohl das 83. priapeum gedichtet haben, an dessen Echtheit zu zweifeln kein Grund ist. In Sachen des *Villicus aerari* genügt es wohl auf CIL V, 2803 zu verweisen.

Dieses Distichon schliefst die Rede des Gottes zusammenfassend ab. Die blanditiae querellae fletus werden dem materiellen Liebespreise gegenübergestellt; der Gegensatz ist vorbereitet in v. 67 *qui non audit Musas, qui vendit amorem*, wodurch auf v. 57 ff. zurückgegriffen wird. Aber der Ausdruck hinterläfst ein doppeltes Bedenken. Die blanditiae u. s. w. müssen auch äufserlich als etwas Neues eingeführt, in Gegensatz gestellt werden, wenn der Abschlufs als solcher wirken soll. Bei der jetzigen Fassung, da der Ton auf *Venus ipsa* liegt, empfindet man aber die blanditiae u. s. w. als etwas Selbstverständliches, etwas das bis dahin schon in Rede gewesen. Da ferner Venus genannt wird nach der Göttin der Galli 'qui corpus evirarunt Veneris nimio odio', ihr Dienst im Gegensatz zu jenem, so mufs ihre Nennung zweifellos beabsichtigt sein als im Gegensatz zur mater Idaca, der soeben die des Liebesdienstes unwürdigen überantwortet wurden. In der jetzigen Fassung liegt aber der Nachdruck auf *ipsa*, nicht auf *Venus*, so dafs das Gewicht des Namens nicht fühlbar wird. Beide Bedenken treffen in *ipsa* zusammen und beide lösen sich durch die einfachste Vertauschung:

blanditiis vult esse locum Venus: illa querellis
supplicibus, miseris fletibus illa favet.

Eine gewisse Unklarheit, die diesem Distichon bisher eigen war und es besonders wiederholtem Misverständnifs aussetzte, scheint nunmehr völlig gehoben.

Für das vielbehandelte und auch von Haupt (opusc. I, 345 f.) nicht richtig behandelte Distichon v. 43. 44 empfehle ich die Rückkehr zur Überlieferung (mit Aufnahme des von Itali für *imbrifer* schlagend verbesserten *nimbifer*):

quamvis praetexens picta ferrugine caelum
venturam admittat nimbifer arcus aquam.

picta und *arcus* bedingen sich gegenseitig und die ersichtliche Beziehung der beiden Wörter auf einander kann nicht zufällig sein. Die eintönige Rostfarbe des Himmels vor dem Regengufs (*ferrugo*) wird von den Farben des Regenbogens bemalt; der Bogen führt das Wasser heran (*admittat* liegt den verschiednen Schreibungen zu Grunde) ganz entsprechend der Beschreibung Seneca's (nat. quaest. I, 6, 1) *ut ait Vergilius noster: 'et bibit ingens arcus', cum adventat imber; sed non easdem undecumque adparuit minas adfert: a meridie ortus magnam vim aquarum vehet. — si circa occasum refulsit, rorabit et leviter impluet. si ab ortu circave surrexit, serena promittunt.* zu *imbrifer, nimbifer* vgl. Stat. Theb. X, 125 *nimborum fulva creatrix*, IX, 405 *imbrifer arcus*, Seneca Oed. 314 *imbrifera — Iris — parte quae magna poli curvata picto nuntiat nimbos sinu.* — v. 28 verbleibe ich auch nach Vahlens Einwendungen (s. 348) bei Lachmann's Erklärung von *quam cito non segnis stat remeatque dies* (Lucr. s. 207), die in ihrem ersten Teil eine schlagende Parallele findet an Prop. II 9, 35 *quam cito feminea non constat foedus in ira.* Die Unmöglichkeit, *cito stat* zu verbinden, erzwingt die Zusammenschliefsung von *cito non stat.* 'Der Gedanke an den wiederkehrenden Tag' bemerkt Vahlen, 'scheint dem hiesigen Zweck sich nicht wol zu fügen.' Aber die einzelne Situation steht nicht mehr in Frage, schon durch *transiet aetas* ist die Betrachtung allgemein geworden. *Remeat* aber, wie es Vahlen von dem sich senkenden Tage versteht, würde nur die Thyestea via bezeichnen können. 'remeat cum post noctem redit' Lachmann, vgl. Sen. Phaedr. 315 *et dies tardo remeavit ortu.*

4.

Die Elegien des ersten Buches sind nicht nach der Zeitfolge geordnet. Die zehnte ist älter als die Deliaelegien (vgl. Lachmann S. 151 ff. Haupt opusc. III, 37), sie ist gedichtet vor dem aquitanischen Kriege (723—724) an dem Tibull in Messallas Gefolge teilnahm (I, 7, 9). Dafs sie an den Anfang des Buches nicht pafste, schon weil sich in ihr kein Liebesverhältnis zeigt, bemerkt Lachmann. Sie pafste auch deshalb nicht dahin, weil in ihr Messalla nicht angeredet ist, der als der Adressat des Buches gelten mufs: die 1. 3. 7. Elegie sind an ihn gerichtet, in der 5. ist er genannt; aufser ihm nur Delia. Das 10. Gedicht ist demnach vielleicht vor der Freundschaft mit Messalla entstanden: was nicht notwendig auf ein früheres Jahr als 723 führt. Auch die Marathuselegien (4. 8. 9) mögen in diese Zeit gehören, obgleich sonst weder Inhalt noch Form einen Anlafs geben, sie von den Elegien an Delia zu trennen.

Das 3. Gedicht gehört seiner Situation nach in den Spätsommer 724; es ist also nicht vor diesem Termine gedichtet. Dafs es aber grade von dem erkrankten Dichter auf Korkyra verfafst sei folgt meines Erachtens hieraus nicht; Goethes römische Elegien sind auch nicht in Rom gedichtet. Einem Kranken und Einsamen möchte ich nicht so viel Freiheit des Geistes und reine Stimmung zutrauen wie aus diesem Gedichte spricht. Ich sehe deshalb auch keine Nötigung, das 3. Gedicht zeitlich vor das 1. zu setzen, das sicher nach der Rückkunft des Dichters entstanden ist. Vielmehr setze ich diese beiden Gedichte zusammen mit den drei übrigen (2. 5. 6) in ziemlich die gleiche Zeit, etwa das Jahr 725, und glaube dafs sie durch Stil und Stimmung selbst beredtes Zeugnis dafür geben aus einer einheitlichen künstlerischen Regung heraus entstanden zu sein. Damit werfe ich freilich die ganze Geschichte des Liebesverhältnisses über Bord, wie sie Dissen und Lachmann, hier wie in der Cynthiafrage romantisch düftelnd, aus den Elegien herausgesponnen und alle folgenden als ausgemacht angenommen haben. Und ich bin in der That überzeugt, dafs Delia zwar nicht mit Corinna, aber doch mit Cynthia auf einer Stufe steht, das heifst, dafs ihr Vorbild zwar ein Wesen von Fleisch und Blut ist, in den Gedichten aber weder ihre wirklichen Verhältnisse, noch die Momente eines Liebesverhältnisses in ihrem wirklichen Verlauf geschildert sind.

Delia erscheint bald verheiratet, bald ledig; ledig im 1., 3. und 5., verheiratet im 2. und 6. Gedicht. Es gelingt zur Not, durch künstliche Gruppierung den Faden einer historischen Entwickelung durch die fünf Lieder zu schlingen; man mufs aber dabei aufser andern Unzuträglichkeiten hinnehmen, dafs Delias Verheiratung selbst gar nicht erwähnt wäre. O. Korn (Rhein. Mus. XXV S. 518) hat dagegen die Ansicht aufgestellt, dafs Tibull seine Delia nur als verheiratete Frau gekannt habe. Wie kann man aber für Gedichte wie jene drei bei unbefangner Lectüre eine solche Annahme gelten lassen? Der Dichter bezeichnet sein

Mädchen nicht als verheiratet, spielt nicht auf ihren Gatten an, der sie sonst streng bewachen läfst oder mit allen Künsten übertölpelt wird, sondern in zweien dieser Gedichte malt Tibull ernstlich den Plan aus, sie zu sich aufs Land zu nehmen, im dritten verspricht er, sie im Kreise ihrer Mägde bei seiner Heimkehr zu überraschen, ungemeldet, wie vom Himmel gesandt; von andern Momenten, wie die Pflege der Kranken, die Entbehrung bei der Isisfeier gar nicht zu reden: er erweckt also beim Hörer notwendig die Vorstellung, dafs Delia frei und ledig sei, und hat mithin selbst aus dieser Vorstellung heraus gedichtet.

Wenn man den übrigen persönlichen Bezügen nachgeht, so greift man nicht minder ins Wesenlose. So hat Delia im 6. Gedicht eine Mutter, die ihr den Dichter heimlich zuführt, eine wirkliche Mutter *(sanguis est tamen illa tuus)*. Von der Mutter war in den früheren Gedichten nicht die Rede, wol aber besorgt dasselbe Geschäft im 5. Gedicht eine 'schlaue Kupplerin' und im 3. sitzt ihr zur Seite eine 'emsige Alte'. Das poetische Motiv ist in allen drei Fällen das gleiche und thut die Wirkung, die es soll; aber keiner wird ernstlich meinen, dafs der Dichter in der fluchwürdigen Kupplerin des 5. Gedichts Delias Mutter habe zeichnen wollen, oder dafs im 3. und 5. Gedicht nicht alle Veranlassung gewesen wäre, eine solche Mutter zu erwähnen.

Delia selbst hat von Tibull nicht viel charakteristische Züge erhalten. Sulpicia steht leibhaftig vor unsern Augen, Lesbia-Clodia desgleichen. Aber die Delien, Cynthien und Corinnen kommen nicht recht zu individuellem Leben: sie sind raschen Blutes und spröde, liebenswürdig und treulos, und was sonst die schönen Frauen in Rom waren und sind, sonst nur die Folie für die Leidenschaft des Dichters, Reflex oder Ergänzung seines eignen Wesens. Tibull ist kein cantor Euphorionis, darum ist Delia keine docta puella; Tibull betet zu jedem Strassenlar und Grenzstein, darum ist Delia noch mehr als die andern Römerinnen zu fremdem Gottesdienst, Orakelsuchen und unheimlichem Zauberwerk aufgelegt; Tibull schwärmt für ländliche Genügsamkeit, darum denkt er sich Delia am liebsten in kleinen häuslichen oder seinen eignen bäuerlichen Verhältnissen. Nemesis hat überhaupt keine persönlichen

Züge und die Delia und Nemesis, die Ovid bei Tibulls Leichenbegängnis auftreten läfst (Am. III 9), sind unkörperliche Schatten.

Appuleius (apol. 10) erwähnt, dafs Tibulls Delia mit ihrem wirklichen Namen eine Plania gewesen sei. Wir haben nicht die Mittel, diese Nachricht auf ihre Richtigkeit zu prüfen[7]). Wenn sie wahr ist, so folgt daraus nur, dafs die Römer nach Tibulls Delia gefragt und gesucht haben (vgl. Ovid. art. am. III 538), im besten Falle, dafs sie wirklich existiert hat: und daran, dafs der Dichtung Tibulls ein wirkliches Verhältniss zu Grunde liege wird keiner zweifeln. 'Dichter ist umsonst verschwiegen, Dichtung selbst ist schon Verrat'. Nur das wird bestritten, dafs alle Situationen in der Dichtung so auftreten sollen wie sie im Leben waren, dafs alle Züge von der Frau oder dem Mädchen copiert sein sollen, der Tibull seine poetische Anregung verdankte. Man vergleiche nur Christiane Vulpius mit Goethes Faustine; und wer sieht seiner Lotte an, dafs sie zur Hälfte Frau Brentano, wer seiner Suleika, dafs sie verheiratet ist? Hier hört alles Mutmafsen aus den Gedichten auf. Und treuer als dieser hat wol nie ein Dichter die Züge des Erlebten bewahrt[8]), auch im Altertum nicht: was z. b. Dissen immer wieder in entgegengesetztem Sinne bemerkt, ist Fiction und Willkür.

Was wir aus einer solchen Erkenntnis für die Erklärung der Gedichte gewinnen, ist nicht unwesentlich. Der Exegese der Elegiker hat nächst der poesielosen Gedankenklitterei nichts mehr

---

[7]) Zu ihren Gunsten spricht, dafs Appuleius mit Lesbia Recht hat, dafs für Ovids Corinna keine Deutung versucht ist. Dafs fälschlich combiniert ist, beweist mir Ticida's Metella-Perilla, die mir aus Mifsverständnis von Ovid. trist. II 437 entstanden scheint; wer das nicht annehmen will, mufs entweder Appuleius durch Ovid für widerlegt oder Ovids Distichon mit O. Jahn (Berichte der sächs. Gesellsch. 1848 S. 420 Anm. 21) für untergeschoben halten. Eine gens Plania ist nicht bekannt. Auf die Möglichkeit des Wortspiels planus-$\delta\tilde{\eta}\lambda o \varsigma$ ist längst hingewiesen.

[8]) Der oft citierte Ausspruch Goethes über die Wahlverwandtschaften und die Geschichte in Sesenheim 'es sei darin kein Strich enthalten, der nicht erlebt, aber kein Strich so wie er erlebt worden', darf wol hier noch einmal citiert werden. Gespräche mit Eckermann II S. 188, vgl. auch S. 118. Man soll in solchem Falle einen Dichter hören, denn die Gesetze der Dichtung sind ewig dieselben.

geschadet, als das Hinübertragen von Erklärungsmomenten aus
einem Gedicht ins andre, das Erschliefsen historischer Daten aus
der dichterischen Fiction. Hier ist im Properz auch Lachmann
zu weit gegangen. Was zum Verständnis eines Gedichts nötig
ist, das bringt der Dichter im Verlauf desselben allgemach; wenn
er Beziehung des einen auf das andre beabsichtigt, so gibt er
irgendwie deutlich zu erkennen, dafs er einen Cyclus dichtet.
Das ist zu erkennen und von Gruppe richtig nachgewiesen für
die Sulpiciaelegien (IV, 2—7). In Betreff der Deliaelegien aber
widerlegen sich die dahin zielenden Behauptungen Gruppes, der
durch jene erste Entdeckung befangen und verblendet war, von
selbst. Jede der Elegien ist ein Kunstwerk in sich, jeder liegt
ihre eigne Fiction zu Grunde und sie gehören nur dadurch zusammen (Tibull selbst hat ihre Folge durch die Priapuselegie
unterbrochen), dafs in allen Delia der Mittelpunkt ist — Delia,
in poetischer Hinsicht ein Geschöpf des Dichters, aus einer Wirklichkeit hervorgegangen, die wir nicht mehr erfassen können, die
zu erfassen der Dichter in seinen Liedern uns keinen Anhalt geben
wollte. Die äufserlichen Züge, die das Mädchen in einem Gedichte
erhält, sind im nächsten vergessen; die Elegien besingen ein
Liebesverhältnis, aber sie geben keine Geschichte eines solchen.

Ich kann also den Gedichten keine weiteren historisch-
chronologischen Combinationen entlocken und begnüge mich damit
für alle fünf als sichere Entstehungszeit die Jahre 724—727 an-
zusetzen, da meine Überzeugung, dafs alle im Jahre 725 gedichtet
sind, auf subjectiven Gründen beruht. Das Jahr 727 ist durch
die 7. Elegie gegeben und die Herausgabe des Buches viel später
zu setzen ist kein Anlafs vorhanden (Lachmann S. 153).

5.

Indem ich nun die Elegien an Delia der Reihe nach durch-
gehe, beginne ich mit der dritten, nicht weil ich sie für die
zuerst entstandene halte (die Fiction des ersten Gedichts liegt
der des dritten voraus, denn dort ist Tibull noch nicht erhört),
sondern weil mir die Elegie eins der glücklichsten Erzeugnisse

Tibulls und schon durch den Gegenstand besonders geeignet erscheint, die Kunstweise des Dichters im besten Lichte hervortreten zu lassen. Wenige allgemeine Bemerkungen werden ausreichen, da selbst Scaliger das Gedicht in seiner eigentümlichen Schönheit unverstümmelt gelassen hat.

Wenn der Dichter sonst meisterlich genug die poetische Wirkung dadurch erzielt, dafs das übermächtige Spiel seiner Einbildungskraft ihn selbst und somit den Hörer gleichsam unwillkürlich von Bild zu Bilde reifst, so ist in diesem Gedicht von vornherein durch die zu Grunde liegende Fiction ein willenloses Gleiten der Gedanken motiviert. Der Dichter, krank und einsam von den weiterziehenden Kriegsgefährten auf der fremden Insel zurückgelassen, hängt den Gedanken an Heimat und Geliebte nach und reiht wie im matten Fiebertraum traurige und tröstliche Vorstellungen, Erinnerungs- und Phantasiebilder aneinander. So verlieren sich die Übergänge von einem Motiv zum andern und die wohlgewählten und geordneten Bilder scheinen wie im Traumleben ineinander zu fliefsen.

Der Gedanke an den Tod überkommt den Dichter gleich nach der Anrede an Messalla und die Freunde; er durchschlingt das Gedicht bis zum Schlusse, wo er von der fröhlichen Zuversicht der Genesung und Heimkehr abgelöst wird. Mit voller Kraft drängt er sich zum zweiten mal in der Mitte, auf dem Höhepunkt des Gedichts hervor; wie zu Anfang die Erinnerung an die vielfach verzögerte Abreise und die Hoffnung auf einstige Rückkehr, so erzeugt er im zweiten Teile die Vorstellungen von den Freuden der Seligen und den Schrecken des Tartarus, jene dem Liebenden, diese seinen Feinden bestimmt. Das eine wie das andere mal löst sich also die resignierte Stimmung in zuversichtlicheren Tönen auf; nur scheinbar waltet das traurige Element vor, tatsächlich hinterläfst die Elegie den Eindruck, in glücklichem Lebensgenufs vielleicht im Hinblick auf die überstandene Mühsal gedichtet zu sein.

Dem Parallelismus der Bilder und Bildergruppen ist in diesem Gedichte grofse Sorgfalt gewidmet. Die orakelsuchende Delia, die den günstigen Loosen zum Trotz durch ihre Thränen ein böses Omen gibt (v. 9—14), und der reisefertige Liebende, der um die

Abreise zu verzögern traurige Zeichen vorspiegelt (15—20); Delia, als Isisdienerin um die Hülfe der Göttin werbend (23—26) und in der Freude der Erfüllung das Gelübde lösend, herrlich ragend in der gläubigen Schaar (29—32): wie sich diese Bilder entsprechen, so die ganze Schilderung des zögernden Auszuges dem überaus lieblichen Schlufsbilde von Delia's stiller Häuslichkeit und der unvermuteten Heimkehr, beide gleichmäfsig durch die Fülle lebensvoller Kleinmalerei gehoben. So erinnert denn auch das Schlufsbild durch die einleitende Erwähnung der ominösen Wünsche des Nebenbuhlers (81. 82) an den Anfang. Den grofsen Mittelraum des Gedichts nimmt die Beschreibung der beiden Zeitalter (35—50) und von Elysium und Tartarus (57—80) ein, parallel unter einander und zu einander, verbunden durch den Todesgedanken, den die Schrecken der rauhen Zeit erweckt haben (51—56). Das Epigramm zum Gedächtnifs des Tibullus und zu Messalla's Ehren tritt dazwischen und gibt einen Ruhepunkt und zugleich den Höhepunkt des an Messalla gerichteten Gedichtes: die Beschreibung der Zeitalter steigert die traurige Stimmung, die der Unterwelt mildert sie und klingt hoffnungsreich auch wo sie schreckliche Scenen bietet; denn den Liebenden sind die seligen Gefilde, den Frevlern an der Liebe die Höllenqualen bestimmt. Am deutlichsten ist als Pendant zum saturnischen Zeitalter das Elysium geschildert, nur dafs hier alles zarter, poetischer, bedürfnisloser ist: hier Gewürze und Rosen, dort Honig und Milch. Der morderfüllten Gegenwart gelten nur wenige Distichen; die Qualen der Verdammten schildert der Dichter mit Breite und Behagen; denn jene erinnert ihn an den drohenden Tod, diese können den treulich Liebenden nicht schrecken. Indessen hebt diese Stelle den Eindruck des Gedichtes nicht. Tibull wird hier conventionell und zählt die Leiden des Ixion Tityus Tantalus, der Danaiden auf; freilich haben Ixion und die Danaiden der Venus Gottheit beleidigt und freilich erhebt sich Tibull auch im Ausdruck hoch über die üblichen pedantischen Aufzählungen, in denen z. b. Sisyphus nicht gefehlt hätte; aber der mythologische Apparat steht diesem Dichter des wahren Lebens und der unmittelbaren Empfindung nicht zu Gesichte. An die ganz eigenartige Unterweltscene (die Furie mit dem un-

gekämmten Schlangenhaar wütet, die Schatten fahren aus einander
und flüchten zum Ausgang; Cerberus erhebt sich, mit seinen Nattern
zischend: dann liegt er wieder wachsam vor dem ehernen Thor)
hätte sich wirksamer v. 81 angeschlossen.

Es scheint nicht erforderlich, dem Zusammenhang der Teile
weiter nachzugehen, da sich ernstliche kritische Bedenken nicht
erhoben haben. Nur eine, im Mittelpunkt des Gedichts befindliche
und zweifellos verdorbne Stelle soll noch besprochen und hoffent-
lich geheilt werden. v. 49
> *nunc Iove sub domino caedes et vulnera semper,*
> *nunc mare, nunc leti mille repente viae.*

zunächst erfordert *mare* ein Verbum, denn das zu *caedes, vulnera,
viae* zu ergänzende gibt zu *mare* keinen sinn; sodann ist *repente*
unpassend, denn die tausend Todeswege thun sich nicht plötzlich
auf, sie haben sich allmählich geöffnet. Letzteren Anstofs hebt
die von Broukhuis recipierte handschriftliche Interpolation *nunc
leti multa reperta via est*. Aber zu *mare* passt nicht *reperta*,
sondern *aperta* würde passen. Das hat Lachmann an Stelle von
semper gesetzt (zu Propert. II, 1, 20): *caedes et vulnera, apertum
nunc mare,* mit einer in der seltnen Interpunction (Tib. I, 1, 49;
3, 77; II, 1, 79; III, 3, 19. Prop. IV, 8, 35; 9, 27; 24, 11)
störenden Synaloephe; und es bleibt das sinnlose *repente*. In
diesem Worte mufs das einzige für *mare* sowol als *leti viae*
passende[9]) und zugleich metrisch mögliche Verbum verborgen liegen:
> *nunc Iove sub domino caedes et vulnera semper,*
> *nunc mare, nunc leti mille patentque viae.*

die Tibull eigenthümliche Stellung von *que* (nur das bedarf eines
Wortes der Rechtfertigung) hat Broukhuis zu III, 6, 48 beobachtet.
Zu den von ihm aufgeführten Stellen (nach jetziger Zählung I, 1,
40; 3, 38. 56; 4, 2; 6, 54; 7, 62; 10, 54. II, 4, 54; 5, 86.
90; 6, 16) kommen hinzu I, 6, 72. II, 3, 12 *(ve)*. 38. 54;
5, 22. 72. IV, 7, 4

---

[9]) Für jenes hat Lachmann einige Belege gegeben, für dieses derselbe
und Dissen. Vgl. ferner Verg. Georg. III 482 *(nec via mortis erat simplex)*
Seneca Phoen. 153 *(mille ad hanc aditus patent)* epist. 12, 10; 66, 13; 70, 14;
117, 23. Sen. contr. I, 8, 6 u. a.

> *inmerito, properas proripiarque vias.*
> *nec cithara intonsae profueruntve comae.*
> *hinc cruor, hinc caedes mors propiorque venit.*
> *texuit, auratas disposuitque vias.*
> *Ilion ardentes respiceretque deos.*
> *multus ut in terras deplueretque lapis.*
> *attulit in nostrum deposuitque sinum.*

an sämtlichen Stellen geht *que* einem den Pentameter schliefsenden jambischen Worte voraus. Die irreguläre Stellung von *que* kennt bereits Horaz (vgl. Heindorf zu sat. I, 6, 43 u. a.); für den Pentameter hat Tibull dieses Hülfsmittel jambische Schlüsse herbeizuführen erfunden. Properz und Lygdamus [10]) kennen diese Verwendung von *que* nicht, bei Ovid ist sie häufig. Anders im Trimeter. Seneca hat *que* nur hinter dem ersten Wort des verbundnen Satzes (Thyest. 396 ist *nullis notaque coetibus* und *litibus* gleich unglücklich vermutet); dagegen mit degeneriertem Sprachgefühl Octavia 361 *furit ereptam pelagoque dolet vivere matrem*. Auf den Gebrauch der übrigen Dactyliker mufs noch geachtet werden [11]). diese einfache Beoachtung lehrt uns z. B. dafs die zu I, 5, 47 vorgebrachte Vermutung *hoc nocuitque mihi quod adest huic dives amator* unstatthaft ist; dass II, 5, 68 nicht *Phyto Graiaque quod monuit*, sondern *Phyto Graia quod admonuit* zu lesen ist; dafs, was wichtiger ist, I, 10, 51 Tibull nicht geschrieben haben kann

> *rusticus e lucoque vehit, male sobrius ipse,*
> *uxorem plaustro progeniemque domum* [12]).

---

[10]) Demnach ist Broukhuis' Vermuthung zu III, 6, 48 *(per Veneremque suam)* hinfällig.

[11]) In der Elegie auf Maecenas ist wohl mit Burmann zu schreiben v. 7 *illa rapit iuvenes prima florente iuventa, non oblita, tamen sera petitque senes.* Vgl. v. 94 *victor odorata dormiat inque rosa.*

[12]) Vielmehr hat Tibull geschrieben, wie längst vermutet, *rusticus e luco revehit.* Damit fällt der stilistische und wie mir scheint jeder Anlass fort, vor dem Distichon eine Lücke zu statuieren. Um welche Gelegenheit es sich handelt, drückt *in luco* zur genüge aus. Dafs aber nicht gesagt ist 'im Frieden werden ländliche Feste gefeiert', sondern 'der Landmann führt (im Frieden)

Es bleibt nur I, 4, 25
> *perque suas impune sinit Dictynna sagittas*
> *adfirmes crines perque Minerva suos*,

wo das entsprechende *perque* zur Entschuldigung gereicht, und endlich II, 5, 53
> *concubitusque tuos furtim villasque iacentes.*

Hier kann *furtim* grammatisch freilich nur zu *iacentes* gezogen werden. Aber dem Gedanken nach gehört es auch zu *concubitus*, und zwar viel enger als zu *villas iacentes*. Demgemäfs ist es in seiner eigentümlichen Stellung ἀπὸ κοινοῦ bei der Verknüpfung der Satzglieder aufser Acht gelassen.

6.

Das erste Gedicht des ersten Buches bietet nach Vahlen's Bemerkungen (s. 352 ff.) dem Erklärer nur noch Gelegenheit auszuführen und hier und da zu ergänzen. Die Grundstimmung des Gedichtes ist inniges Behagen in dem Gedanken, nach langen Kriegsmühen ländlicher Arbeit und Mufse wiedergegeben zu sein, kaum getrübt durch den Vergleich des gebliebnen mäfsigen Besitzes mit dem Reichtum der Vorfahren, aber leidenschaftlich gefärbt durch die noch unerfüllte Sehnsucht nach Liebesglück. Die beiden ersten Momente des dreifachen Motives sind in mehrfacher und stets individuell gewendeter Ablösung kaum erschöpft, als das dritte eintritt, den Strom der Empfindung am stärksten schwellen läfst und nun die Führung behaltend auf- und abwogt, traurig und zuversichtlich, bis es zum Schlusse sich mit den beiden ersten einlenkend wieder vereinigt und das Gedicht in mutigfroher Wendung schliefsen läfst wie es begonnen.

Über den Aufbau der Elegie ist damit das Wichtigste gesagt.

Weib und Kind (weinselig) vom Feste nach Hause', kann ich mit Haupt (opusc. III p. 38) weder wunderlich noch ungeschickt finden. Es scheint mir vielmehr poetisch angemessen und sehr tibullisch, die Thatsache nicht einfach auszusprechen, sondern in einem charakteristischen Zuge ausmalend anzudeuten. Dagegen hat nach v. 25 Pontanus eine wirklich vorhandene Lücke erkannt und mit feinem Verständnis ausgefüllt.

Sie zerfällt gewissermafsen in zwei Teile — es ist bemerkenswert, dafs die zahlreichen Umstellungsversuche sich nur an den ersten heften —, der zweite mag mit dem Distichon 45. 46 beginnen, in welchem zuerst die Herrin genannt ist, der nunmehr die Herrschaft über die Gedanken des Dichters verbleibt. Sie wird zuerst genannt in der dritten Variation des zu Anfang angeschlagenen Themas. Wenn wir diesem Fingerzeige nachgehn, so wird sich uns die gröfsere Hälfte des Gedichts etwa in folgender Weise gliedern: 1—14; 15—36; 37 ff. Wir verwundern uns nicht, in jedem dieser Abschnitte die Verehrung der Götter und die Befriedigung in ländlichem Dasein zu finden, sehen vielmehr zu, mit welchen Mitteln, in welcher Absicht der Dichter die eine Wendung von der andern abgehoben und über die andere gehoben hat.

'Reichtum begehre ich nicht, der durch Kriegsmühen errungen werden mufs; mich befriedigt meine Dürftigkeit[13]) in ländlicher Mufse, nur darf mir das Feuer im Herde nicht verlöschen':

ipse seram teneras maturo tempore vites
rusticus et facili grandia poma manu,

das besagt: 'an meiner Hände Arbeit solls nicht fehlen *(ipse-rusticus)* und kundig bin ich des Landbaus *(maturo tempore — facili manu* ebenso sich entsprechend wie *teneras vites* und *grandia poma).* Nur die Götter müssen helfen und deren Gunst darf ich erwarten[14]), denn ich bin fromm: jeder Pfahl, jeder Stein, der Zeichen frommer Verehrung trägt, rührt mich zum Gebet; von jeder Frucht des neuen Jahres wird vor dem Genusse dem ländlichen Gotte der Erstling dargebracht'. So spricht der Dichter von seinen Wünschen, von den Ansprüchen, die die eigne Bemühung und seine Frömmigkeit ihm auf Erfüllung geben *(nec spes destituat* — οὐκ ἂν ἀπατήσειεν ἡ ἐλπίς, nicht μὴ ἀπατήσῃ). Es ist alles ganz allgemein gefafst: die Gegenüberstellung von Kriegs- und

---

[13]) *me mea paupertas vita traducat inerti*: hier ist *mea* nicht ohne Nachdruck, vgl. Prop. I, 1, 33 *in me nostra Venus noctes exercet amaras* (verschieden von der eurigen); vgl. IV, 5, 4 *nec bibat e gemma divite nostra sitis.* Ovid. R. A. 251 *noster Apollo innocuam sacro carmine monstrat opem* u. a.

[14]) Zu v. 9 vgl. Haupt opusc. II p. 260 sq.

Friedensarbeit wie die Andeutung des altväterisch frommen Sinnes. Der Gedanke an die Götter aber erinnert den Dichter an die Gaben, die er jedem von ihnen bei Gelegenheit des nun beginnenden neuen Lebens zu bringen hat. Darum hebt er von neuem an (v. 15), Ceres den Ärntekranz, Priap den Platz im Garten versprechend (die Errichtung des Bildes ist die Ehre die man dem Gotte erweist), den Laren ein Lamm, ihr gebührendes Opfer. Die Verschiedenheit der Wendung ist klar: was im Allgemeinen und ohne Beziehung auf bestimmte Zeit und Verhältnisse angedeutet war, wird in drei einzelnen Bildern im Hinblick auf die nächste Zukunft ausgeführt. So trennt sich die Variation vom Thema; ein neues Element aber schliefst sich zunächst an die letzte der drei angekündigten Opfergaben an:

tunc vitula innumeros lustrabat caesa iuvencos,
nunc agna exigui est hostia parva soli.

Wir erfahren hier zuerst, dafs die Dürftigkeit des Dichters nicht die leicht zu tragende dessen ist, der an besseres Loos nie denken durfte, auch nicht die genügliche des kleinen Besitzes der, weil er selbst erworben ist, tägliches Behagen schafft: den Dichter bewegt beim Anblick seiner Herdgötter der schmerzliche Gedanke, dafs er verarmt ist und den geringen Rest des grofsen Besitztums seiner Väter verwalten mufs. Der Schatten scheint schon im folgenden Distichon mit dem fröhlichen Hinweis auf ländliche Festfeier verflogen; er äufsert sich fast unmerklich in dem gewissermafsen als Nachsatz die besprochenen zehn Verse aufnehmenden Wunsch:

25 *iam modo iam possim contentus vivere parvo*
nec semper longae deditus esse viae,
sed canis aestivos ortus vitare sub umbra
arboris ad rivos praetereuntis aquae.

Diese Fassung von v. 25, wie sie das Freisinger Excerpt bietet, ist die bestbezeugte der Corruptel der Handschriften *(iam modo non possum)* und der Interpolation der Pariser Excerpte *(quippe ego iam possum)* gegenüber. Sie erscheint untadelig: 'modo nunc parvis vivere possim quibus contentus sum neu militari debeam'; nicht einmal der von Lachmann und Haupt gewollten engen grammatischen Verbindung mit den vorhergehenden Versprechungen bedarf es. *Modo* reicht aus diesen Zusammenhang, den Vahlen s. 353 f. erörtert hat, auch im neuanhebenden Satze herzustellen (νῦν οἶον βιότῳ νῦν εἴθ᾽ ὀλιγαρκέι χαίρων μηδ᾽ αἰεὶ ζωήν τειρόμενος καμάτῳ). Auch die Notwendigkeit von Vahlens Emendation *iam modo iners possim* muſs ich bestreiten: gewiſs ist auch hier die paupertas nur in ihrer innigen Verbindung mit der inertia gedacht, aber der negativ gefaſste Pentameter und das folgende Distichon geben dem Gedanken reichlichen Ausdruck. Der Pentameter ist es auch der, wie v. 19 die paupertas, so durch ein zweites elegisches Moment die inertia neu und höher poetisch motiviert. Im Anfang des Gedichts hörten wir nur daſs es wünschenswerther sei, thatenlos als in Kriegsmühen zu leben: hier erst, daſs der Dichter unmittelbar nach der Rückkehr aus anstrengendem Kriegszuge singt. Wer je in der Lage war, 'dem langen Marsch mit allen Sinnen sich hingeben' zu müssen, der fühlt dem Dichter diesen Seufzer der Erinnerung nach und freut sich seiner Freude, endlich nach eignem Willen leben und am heiſsen Tage Schatten und Quelle aufsuchen zu können nach Gefallen.

Das thatenlose Leben schlieſst nicht Enthaltung von ländlicher Arbeit ein; das war schon v. 7 ff. vorausgesetzt; hier wird es in lieblicher Kleinmalerei so lange versichert (29—32), bis die erwähnung des verlaufnen Zickleins dem Dichter den ängstlichen Gedanken an Diebe und Wölfe und die naive Bitte eingibt:

33 *at vos exiguo pecori, furesque lupique,*
 parcite: de magno est praeda petenda grege.
 hunc ego pastoremque meum lustrare quot annis [15])
 et placidam soleo spargere lacte Palem.

---

[15]) Dieser Vers hat am meisten, und in der überlieferten Fassung *hic ego* mit Recht Anstoſs erregt. Es kommt nicht auf den Ort an, sondern auf die Thatsache der Sühnung und zwar der Herde viel mehr als des Hirten. Daſs in den Beschreibungen des Palilienfestes nur die Sühnung des Hirten erwähnt zu werden pflegt (II 5, 89. Ovid. fast. IV, 781. Propert. V, 4, 77), kommt daher, daſs die des Viehes bereits am frühen Morgen stattgefunden hat (fast. IV, 735). Sühnung der Jäger und Hunde zur Jagd Grat. 435. 481 ff. Die Emendation *hunc ego* ist übrigens bereits gegeben von Dietrich quaestiones Tibullianae et Propertianae (Marburg 1873) p. 12.

Mit dieser Erinnerung an den frommen Gebrauch schliefst die zweite Variation und in leichtem Übergang beginnt die dritte wieder mit der Anrufung der Götter: *adsitis divi*. Trotz der allgemeinen Bezeichnung denkt man bei den Gaben des armen Tisches an die Herdgötter und ihr tägliches Speiseopfer. Und in diesem Kreise, in den Bildern des häuslichen Lebens, bewegt sich der ganze Abschnitt, wie der vorige von Arbeit und süfsem Nichtsthun in Feld und Wald handelte. Die Dürftigkeit wehrt dem Hausherrn andres als irdnes Geschirr zu Mahl und Opfer; es gab eine Zeit, da auch der reiche Besitzer an solchem sich genügen liefs. So genügt dem Dichter was für sein Bedürfnifs ausreicht, gefüllte Kornkammern begehrt er nicht (43):

parva seges satis est, satis est, requiescere lecto
si licet et solito membra levare toro:

ein Lager zum ruhen, und zwar der eigene gewohnte Pfühl (nicht wie im Felde die stets unsichere Aussicht auf Quartier, gestörte Nachtruhe, gezwungne Wachen) — hier steigt zuerst der Gedanke mächtig auf an die Geliebte, die der Dichter in seinem Hause als Herrin sehen möchte. Wie im sichern Besitz und Genusse rühmt er die Seligkeit, auf dem Lager den tosenden Winden zu lauschen

et dominam tenero continuisse [16]) *sinu*,

oder bei Winterstürmen vom Laut fallender Tropfen sich einschläfern zu lassen. Die Täuschung ist kurz; der Dichter erwacht aus seinem Traum und beginnt neu, wie sich besinnend: *hoc mihi contingat*. Und nun wehrt er wieder die Kriegsgedanken ab, diesmal aber mit andrer Motivierung:

51 *o quantum est auri pereat potiusque zmaragdi,*
    quam fleat ob nostras ulla puella vias

und, auf dem Höhepunkt des Gedichts Messalla anredend (der v. 53. 54 in feiner Wendung von dem Trachten nach Reichtum ausgenommen wird):

---

[16]) *continuisse*, der stärkste Ausdruck, ist grade der erforderliche. Die vulgata *(detinuisse)* schwächt nur ab; die übrigen Conjecturen sind klägliche Verderbungen der herrlichen Stelle. — 'So erfreuen wir uns der langen Nächte, wir lauschen, Busen an Busen gedrängt, Stürmen und Regen und Guss'.

55 *me retinent vinctum formosae vincla puellae*
   et sedeo duras ianitor ante fores.

Hier gibt der Dichter endlich deutlich zu verstehen, dafs er ohne Erhörung liebt. Und nun wendet er sich an Delia. Nur ein Wort spricht er zu ihr über Liebesglück das er von ihr erwartet und, im Anschlufs an v. 53. 54, in Gegensatz zum Glück des Kriegsruhms setzt — in seiner Todesstunde will er sie zur Seite haben, und in diesen Gedanken verliert er sich:

flebis et arsuro positum me, Delia, lecto
tristibus et lacrimis oscula mixta dabis?
flebis: non tua sunt duro praecordia ferro
vincta neque in tenero stat tibi corde silex.

Nur wenig Verse weiter und er findet es bereits nötig von Delia Mäfsigung ihres übergrofsen Schmerzes mit Rücksicht auf die Ruhe seines Grabes zu verlangen. Aus diesem Traum erwacht er mit der natürlichsten Nutzanwendung: 'so lange wir leben lass uns lieben, bald naht der Tod oder das schleichende Alter'. Noch einmal wird dieser trübe Gedanke durch neues Aufflackern hoffender Leidenschaft verscheucht. Der Dichter ruft die Geliebte auf zum Liebesgefecht: hier ist er Heerführer und Held, der wirkliche Krieg mit seinen Wunden und Schätzen kümmert ihn nicht, vor Mangel gesichert beneidet er die Schwelgenden nicht — so greift das Ende auf den Anfang zurück, nur dafs wir jetzt verstehen, unter welcher noch unerfüllten Bedingung sein Glück erst vollkommen sein wird und so den Nachklang der elegischen Stimmung auch nach dem freudig zuversichtlichen Schlusse empfinden.

Das Gedicht gliedert sich vierfach, doch so dafs der vierte Teil, der von der Liebe handelt, den drei ersten, die vom ländlichen Leben handeln, die Wage hält. Die drei ersten Glieder verwachsen dadurch, dafs sie denselben Gegenstand behandeln, zur Einheit; sie erscheinen getrennt dadurch, dafs sie ihn jedesmal in andrer Weise behandeln, und zwar materiell, indem wir allmählich und in weiser Steigerung über die einzelnen Momente der Stimmung aufgeklärt werden aus der heraus das Gedicht entstanden ist; formell, indem die gleichen Motive, Götterverehrung und ländliche Beschäftigung, zuerst in allgemeinen Farben, dann in umgekehrter Folge ins Kleine gemalt, endlich aus Flur und Feld auf ein andres Gebiet, das Innere des Hauses, übertragen erscheinen. Hier wird unwillkürlich der Gedanke an die Geliebte lebendig und bildet den Übergang zum zweiten Hauptteil, in dem er das alleinige Übergewicht behalten soll. Die Schlufsverse bringen in unversehener Wendung das Anfangsmotiv noch einmal, das nun, von der Einheit der allmählich durchlaufenen Stimmungsmomente getragen, in erhöhter, leidenschaftlicherer Empfindung ausklingt.

7.

Für das Verständnis der zweiten Elegie kommt es vor allem auf Erfassung der Situation an, aus der heraus sie gedacht und gedichtet ist. Scaliger hat sich und den Nachfolgern das Verständnis künstlich verbaut, indem er das Gedicht mit v. 64 schlofs und v. 65—98 stückweise einsetzte wo er sie brauchen konnte (v. 65—70 nach v. 78, v. 71—78 nach I, 1, 58, die letzten 20 Verse nach I, 5, 36). Nachdem Heyne in der ersten Auflage den Zusammenhang dieser Teile erkannt hatte (in der zweiten kam er von der richtigen Erkenntnis zurück), liefs Vofs wiederum das Gedicht mit v. 64 schliefsen und löste die zweite Hälfte als selbständige Elegie ab; ersteres erweist sich auf den ersten Blick als unrichtig; Lachmann im Jahre 1826 hat das letztere gebilligt (Kl. Schr. II S. 108). Es ist anzunehmen, dafs er in späteren Jahren seine Meinung geändert hat.

Das Gedicht gehört seinem Inhalt nach sicherlich zum εἶδος ἐπικωμαστικόν (Theokr. schol. Ambr. 3, 1 p. 27 Z.); nur darf man diese Bezeichnung nicht nach dem Wortverstande nehmen, wie es die Erklärer, und am ausführlichsten Dissen, thun: II p. 33 'steterat aliquamdiu frustra ante ianuam exspectans, mox ut falleret noctem, vinum afferri iusserat, tandem vero intelligens non venire Deliam et custodiam esse positam, dolore ingenti corripitur. nunc plus meri postulat —, confestim hoc ipso loco dormiturus' etc. und dann zur Auswahl: 'vide an praestet statuere, poetam re vera domum rediisse a ianua Deliae ibique bibere coepisse, sed frustra tentata quiete statim reverti ad fores clausas. Alterutrum verum videtur'. Die eine Anschauung, dafs nämlich der Wein an die Thür gebracht werde, ist so unrichtig wie die andere vom Wechsel des Ortes. Vielmehr macht allein Wunderlich (Vofs erklärt die Fiction aus der Trunkenheit des Liebenden) die richtige Bemerkung (zu v. 7): 'recordatio custodiae saevae et ianuae clausae animum ita accendit amantis, ut ianuam ipsam alloquatur seque ante eam stare fingat'. Das ist in der That in Tibulls Weise und zu Anfang unzweideutig kundgegeben:

> *Adde merum vinoque novos compesce dolores,*
> *occupet ut fessi lumina victa sopor;*
> *neu quisquam multo percussum tempora Baccho*
> *excitet, infelix dum requiescit amor.*

Der Schenke soll den Wein stärker mischen: durch Wein will der Dichter den so heftig nie gefühlten Schmerz bekämpfen. Die Genossen werden aufgefordert, ihn in seiner dumpfen Ruhe nicht zu stören: so mufs v. 3 verstanden werden, nicht vom stillen Trunk im einsamen Kämmerlein dem keiner nahen solle; nur so erhält, wie wir unten sehen werden, v. 87 die nothwendige Beziehung. Der Dichter fährt fort:

> *nam posita est nostrae custodia saeva puellae,*
> *clauditur et dura ianua firma sera.*

Er ist von Delia's verschlossener Thür zu den Genossen zurückgekehrt. Kaum hat er den Grund seiner Verzweiflung genannt, so fühlt er sich vermöge der Lebhaftigkeit seiner Phantasie wiederum vor die Thür der Geliebten versetzt, wiederum vergeblich klopfend, bittend und verwünschend:

> *ianua difficilis, domini te verberet imber,*
> *te Iovis imperio fulmina missa petant*[17]).

---

[17]) Weder *difficilis domini* noch *dominae* ist möglich, dieses nicht weil Delia selbst bewacht wird, jenes nicht weil der Vorwurf an die Thür gerichtet ist. Vielleicht ist, wie oben versucht, nur die Interpunction zu ändern (*domini* ist überliefert, *dominae* interpoliert), so dafs *domini* erst durch *Iovis* seine nähere Bestimmung erhält. Tibull geht in dieser Art des Ausdrucks sehr weit. Jede Änderung aber mufs davon ausgehn, dafs mit *ianua difficilis* die Anrede geschlossen ist.

Der plötzliche Umschlag im Tone v. 9 *(ianua, iam paleas uni mihi* etc.) hat seine nächsten Parallelen an I, 5, 5—8; 9, 3—6. Die beiden folgenden Distichen beziehen sich auf die eben vorhergegangenen vergeblichen Bemühungen des Liebenden. Dann wendet er sich an Delia und nun dauert die Fiction ununterbrochen bis v. 87. Zunächst ist alles klar und ohne Anstofs. 'Delia, täusche die Wächter. Venus wird dich schützen, die mutigen Liebenden die Wege zeigt und durch Gefahren hilft, die auch mich diese Mühen überstehen läfst. Nur öffne die Thür: ihr Vorübergehenden (gleich schwebt die Einlafsscene dem Dichter als thatsächlich vor), hütet euch etwas zu sehen oder gar zu verplaudern: dann würde euch Venus so ungnädig sein wie sie Liebenden gnädig ist. Aber dein Gatte darf selbst dann an deiner Treue nicht zweifeln: dafür gab mir die zauberkundige Alte ein kräftiges Mittel. Allein dessen Wirkung gilt nur für den Umgang mit mir. Noch wunderbarer und kaum zu glauben: auch meine Liebe, sagte sie, könne sie mir durch Zauber vertreiben. Ich kam zu ihr in mondheller Nacht und liefs mich durch Feuer von ihr entsühnen und sah ein schwarzes Opfertier bluten am Altar der nächtlichen Götter. Nun sollt' ich beten, dafs die Liebe von mir genommen werde, aber (63)

> *non ego totus abessel amor, sed mutuus esset*
> *orabam, nec te posse carere velim.*

So vereitelte ich die Heilung, die mir frei stand, aus eignem Willen noch im letzten Moment und die Liebe ist heftiger als zuvor'[18]).

Es ist wunderbar, dafs der Zusammenhang mit dem folgenden verkannt werden konnte (65):

> *ferreus ille fuit, qui te cum posset habere,*
> *malueril praedas stultus et arma sequi.*

'Ich möchte dich nicht entbehren können. Der hat ein eisernes

---

[18]) So mufs die Stelle aus der Situation heraus verstanden werden. Dieselbe Bitte richtet Glaucus an Circe (Ovid. met. XIV, 24): *nec medeare mihi sanesque haec vulnera mando: frigore nil opus est, partem ferat illa caloris.* Das Gegenteil wünscht Catull (76, 23): *non iam illud quaero, contra ut me diligat illa: — ipse valere opto et taetrum hunc deponere amorem.* Vgl. Tibull (IV, 5, 13) *vel serviat aeque vinctus uterque tibi vel mea vincla leva,* Anth. Pal. V, 88 (Rufinus): εἰ δυσὶν οὐκ ἴσχυσας ἴσην φλόγα, πυρφόρε, καῦσαι, τὴν ἐνὶ καιομένην ἢ σβέσον ἢ μετάθες.

Herz, der dich entbehren kann, selbst um reicher Beute und glänzenden Kriegsruhms willen'. Nur das bedarf näherer Erwägung, wen der Dichter hier im Sinne hat. Broukhuis und nach ihm Volpi Huschke Dissen verstehen einen bestimmten früheren Liebhaber Delia's, dessen Person nachzuweisen Broukhuis viel Mühe aufgewendet hat. Vofs, der wie oben bemerkt v. 65 ff. als eigne Elegie betrachtet, glaubt dafs Tibull von sich selber rede, und neuerdings ist gar die Meinung aufgestellt, dafs der Ritter kein andrer als Delia's Gatte sei — eine Meinung, die der zu Grunde liegenden Fiction widerspricht. Von selbst erledigt sich auch die Vofsische Deutung, vgl. *ille* v. 65. 67 und *ipse* v. 71. Gegen die erste, die herrschende Auffassung ist der Einwand zu richten, dafs von einem früheren Liebhaber Tibull unmöglich ohne Eifersucht reden kann. Es bedarf aber der inneren Gründe nicht, da der grammatische Bau nur eine Auslegung gestattet, die Heyne in der 1. Auflage wohl erkannt und Huschke anerkannt hat, indem er *malueral* und *maluit et* conjicierte. Der überlieferte Text kann nur bedeuten: 'der mufste eisernen Sinnes sein, der es vermocht hätte, dich aufzugeben um Kriegsbeute zu erjagen' (σιδήρειος ἐκεῖνος ἂν ἦν ὅστις Δηλίᾳ συζῆν ἐξὸν τὸν ἐκ πολέμου ὄλβον προὐτίμησεν). *posset* ist dabei eben so statthaft wie das in handschriftlicher Überlieferung fast identische *possit*. Diese fingirte Persönlichkeit entspricht der Anschauung und dem Gedankenkreise des ersten Gedichts — ein sicheres Zeichen für die gleichzeitige Entstehung und Zusammengehörigkeit beider Elegien. Es stimmt wieder ganz zu der leicht erreglichen Dichterweise Tibulls, dafs die Gestalt, kaum dem Gedanken entsprungen, schon Fleisch und Blut gewonnen hat und als Feldherr und Eroberer in Cilicien, in silber- und goldverbrämtem Kleide herrlich auf raschem Pferde sitzend hingemalt wird, um den Gegensatz zum Liebenden zu bilden, der das Feld pflügen und der Herde warten, ja auf rauher Erde schlafen möchte, wenn Delia ihm Gesellschaft leistet. Das letzte Bild friedlichen Liebesglücks erregt von Neuem seine Sinne, es erinnert ihn heftig an die Lage, aus der er redet, sein trostloses Wachen vor der verschlossenen Thür bei nächtlicher Weile. 'Auch auf Purpurkissen (zum Gemälde des Reichtums liefert ihm noch der

beutebeladene Krieger die Farben) durchwacht der unglücklich
Liebende weinend die Nächte'. Nun erfüllt ihm sein ganzes Elend
die Gedanken und er geht plötzlich aus der sanften Klage über
in leidenschaftlichen Ausbruch der Verzweiflung. 'Venus und die
Götter müssen mich hassen um unbewufster Frevel — wenn ichs
verdient habe, will ich ohne Weigern vor dem Tempel mich hin-
werfen und die heilige Schwelle küssen, will betend auf den
Knieen rutschen und mein jammervolles Haupt an die heilige
Pforte stofsen', eine seltsame Beschreibung des Büfsenden, er-
greifend zumal durch die Vermischung religiösen Wahnsinns mit
dem Toben der verzweifelnden Liebe. Hier ist der Gipfelpunkt
des Pathos erreicht und mit einem Schlage folgt die Ernüchte-
rung — man glaubt zu sehen, wie der Dichter aus seinem wüsten
Traum erwachend auffährt und sich im Kreise der lachenden
Zechgenossen findet:

> at tu, qui laetus rides mala nostra, caveto
> mox tibi: non uni saeviet usque deus.

Man hat diese Anrede so aufgefafst, dafs der Dichter sie von
der Schwelle aus an Vorübergehende richte; damit wird eine
fremde Vorstellung hineingetragen. Noch weniger darf man annehmen, dafs unter dem schadenfrohen Zuschauer ein beliebiger
Leser verstanden sei. Die Person mufs sich aus der Scenerie
des Gedichtes ungesucht ergeben. Der mit v. 87 beginnende
Schlufsteil greift offenbar auf die Situation des Anfangs zurück.
Unter den sorgloseren Genossen hat sich Tibull seinen Träumereien
hingegeben; keiner hat ihn erweckt, die Heftigkeit seiner Phantasien reifst ihn selbst in die Wirklichkeit zurück: da umgeben
ihn lachende Gesichter. Den Übermütigen droht er mit der
Rache der Gottheit und so bietet ihm der Gedanke, dafs diese
viel mehr gegen Venus freveln, während er doch zu ihren treuen
Dienern gehört (v. 25 ff.), Gelegenheit und Stimmung zu halb
fröhlichem, hoffnungbelebtem Schlufs.

Nur in Betreff des zuletzt angeführten Distichons (v. 87. 88)
bedarf es noch einer Bemerkung. Bei dem nach Haupt und
Vahlen oben von mir beibehaltenen Wortlaut desselben kann
man sich nicht beruhigen. Überliefert ist v. 88 nicht *uni*,

sondern *unus;* die Änderung rührt von Itali her. Selbst bei Annahme dieser Conjectur würde Interpunction nach *caveto* vorzuziehen sein, das mit *mox tibi,* der unbestimmten Zeitangabe, sich nicht verbinden läfst. Warum sollte aber statt des stehenden *saevire in aliquem* der Dativ gesetzt[19]), warum sollte *uni* statt *nobis* gesetzt sein? Die übrigen Emendationsversuche, von den Pariser Excerpten an, bedürfen der Widerlegung so wenig wie die Versuche die Überlieferung *(mox tibi non unus saeviet usque deus)* zu verteidigen. Vielmehr ist der sinn durch *uni* getroffen, statt *unus* aber vielmehr *in nos* zu schreiben, so dafs als die ursprüngliche Form sich herausstellt:

at tu, qui laetus rides mala nostra, caveto:
mox tibi — non in nos saeviet usque deus.

Das elliptische *mox tibi* ist Anlafs der Verderbnis geworden.

8.

Die fünfte Elegie zeigt uns den Anfang vom Ende. Der Dichter hat Delia aufgegeben, als sie ihm untreu wurde. Aber er kann sich ihrem Banne noch nicht entziehen, wird immer noch in den gewohnten Kreisen umgetrieben (v. 3). So kann er sich denn auch der Hoffnung noch nicht entschlagen und erbittet Versöhnung um jeden Preis. Er erinnert sie an seine in der Gefahr geleisteten treuen Dienste —'ein andrer erfreut sich des blühenden Lebens, das er ihr erhalten. Er erinnert sie welch reizendes Los er ihr bereiten wollte und verliert sich in der Ausmalung des gehofften, nun verlornen Liebesglücks. Es ist verloren, aber noch drängt sich die Erinnerung zwischen ihn und die Lebensfreuden, die er aufsucht um den Verlust zu vergessen: sie vergällt ihm den Wein, sie läfst ihn andrer Liebschaft nicht froh werden — Delias Zauberbann wirkt noch mächtig auf ihn. Und er sollte sie doch verachten, die sich um Gold hingibt. Aber nein, nicht sie trägt die Schuld, sondern die schlaue Kupplerin, die schändliche alte Hexe: die soll aller Fluch, sollen alle Schauer der Hölle

---

[19]) Ovid. her. 4, 148 *qui mihi nunc saevit, sic tibi parcat Amor* ist *mihi saevit* durch *tibi parcat* beeinflusst.

treffen²⁰). 'Aber du entziehe dich ihrem Bann, noch ist es Zeit, du liebst mich noch: Gold tötet die Liebe²¹). Ich bin arm, aber ich werde dir treulich dienen (wie du es in der Krankheit erfahren). Ich bin arm, aber in meiner Verborgenheit entgehst du dem Gerede²²). — Es ist zu spät, sie kann nicht mehr zurück, nur Gold öffnet ihre Thür. So wird denn bald ein andrer, der denselben Schlüssel besitzt, dem jetzigen Liebhaber folgen — 'und wie es gehn kann, so wirds gehn'.

Für die Auffassung des Gedichts ist es entscheidend, welchen Sinn man der Schlufswendung beilegt. Unter dem *quidam* v. 71 hat Ovid (trist. II 460), und mit ihm viele der neueren, den Dichter selbst verstanden. Ovid hat hier sicher nicht richtig empfunden. Ein solches Gebahren, in wegwerfendem Tone geschildert, kommt nicht dem Dichter zu, sondern dem Wüstling, der keine rührenden Lieder hat, aber Gold um den Einlafs zu erkaufen. Nur die Gelegenheit mufs er ersehen. Und diese Erklärung verlangt der Zusammenhang: 'nur Gold öffnet die Pforte; du wirst verdrängt werden wie ich: schon wartet ein andrer nicht vergeblich', d. h. einer der plena manu anklopfen wird, ein dritter. Richtig erklärt Dissen. Wunderlich citirt mit Recht Horaz (epod. 15, 17 *at tu, quicumque es felicior atque meo nunc superbus incedis malo — eheu, translatos alio maerebis amores, ast ego vicissim risero*) und Properz (II 9, 1 *iste quod est ego saepe fui, sed fors et in hora hoc ipso eiecto carior alter erit*). Es ist das alte 'bald kommen ihrer mehre dran'. Die Wendung ist kränkend und bitter, catullisch. Statt der reuigen Bitten zu Anfang

---

²⁰) V. 47 *haec nocuere mihi* kann nur auf Delias Reize gehen. Dann ist *quod adest huic dives amator, venit in exitium callida lena meum* richtig überliefert. *venit in exitium* bildet die Steigerung zu *nocuere*: ταῦτα μ' ἐβάσκηνεν· κατέχει δ' εἰ πλούσιος αὐτὴν ἄλλος᾽, ὄλεθρον ἐμοὶ γρηὸς ἔτευξε δόλος (nach der Übersetzung eines Freundes).

²¹) V. 60 *nam donis vincitur omnis amor* nach Lachmanns Erklärung (zu Prop. I 12, 18).

²²) V. 65 *pauper ad occultos furtim deducet amicos* bietet keinen berechtigten Anstofs: der Arme hat auch den Vorzug, dafs seine Freunde nicht in prunkender Öffentlichkeit ihre Gelage halten.

verächtliches Achselzucken; die er verachtet wird er auch vergessen können.

Deutlich in Parallele gestellt sind das Bild der auf des Dichters Gute hausmütterlich waltenden Delia und das Gegenbild der von klagenden Schatten umschwärmten, von wütenden Hunden durch die Strafsen gejagten halbnackten und heulenden Hexe; desgleichen vor dem einen die Beschreibung des um Delias Heilung mit Gebet und Beschwörung bemühten Dichters[23]), nach dem andern das Lob des geschäftigen, um die Geliebte besorgt thätigen ärmeren Liebhabers[24]): beide Versgruppen mit dreimaliger Anaphora im Anfang der Distichen (11—16 und 61—66).

Die Scene des Gedichts vor dem Hause der Geliebten zu denken (so Dissen) liegt keine Nötigung vor; vielmehr hindert daran der Mangel jeglichen Localtons. v. 67 verlangt eine solche Auffassung noch weniger als die ähnlichen Stellen in I, 2.

9.

Im sechsten Gedicht, dem letzten der an Delia gerichteten, herrscht eine andere Auffassung des Verhältnisses als in den übrigen. Des Dichters Stimmung ist mutwillig, sein Ton leicht und von der Art wie man Hetären besingt. Der Ernst ist ironisch und der Scherz frivol. Keine Äufserung wahren Gefühls begegnet: in der Eifersucht zu Anfang ist weder Grimm noch Schmerz, in dem Liebespact am Schlufs keine sehnsüchtige Hoffnung. Seine Lieblingsweisen schlägt der Dichter nicht an: neben den kleinen Listen und Eifersuchtsscenen heimlichen Liebesverkehrs spielen der

---

[23]) V. 11 *ipseque te circum lustravi sulphure puro* wird das *ter* der Itali, das Scaliger vertrieben, Broukhuis wieder eingesetzt, Lachmann wieder verbannt hat, schliefslich doch als Verbesserung zu betrachten sein. Bei *te lustravi* ist *circum* überflüssig, nicht bei *ter lustravi:* 'in dreimaligem Umgang' (Verg. Aen. VI, 229). Besonders aber ist die nicht absichtslos gewählte Dreizahl im folgenden und Neunzahl im nächstfolgenden Distichon zu beachten.

[24]) V. 61 *pauper erit praesto, semper te pauper adibit primus* ist kein Grund von der besten Überlieferung abzuweichen. Ebenso mufs man v. 42 bleiben bei *et pudet et narrat scire nefanda meam:* sie schämt sich (Ovid. am. III, 7, 84. Petron p. 182, 13 B.) und erzählt u. s. w.

tölpelhafte Gatte, die kuppelnde Mutter, die scheufsliche Bellonapriesterin ihre Rollen; Delias Bild ist kaum durch die gewohnten lieblichen Züge über diese Figuren erhoben.

Der 'sorglose Mann', die 'goldne Alte', die 'grofse Priesterin' sind scherzhaft behandelt. Da Delia auch mit andern sündigt, klärt der Dichter den Gatten über alles auf, was zwischen ihnen vorgefallen, damit er nur die andern fernhalte. Er bietet sich selbst als Tugendwächter an und legitimirt sich zu diesem Amt durch Aufzählung der Künste mit denen er ihn bisher betrogen. Er will als Wächter Delia schlagen und fesseln und schon dafür sorgen, dafs die feinen Herrlein ihr nicht zu nahe kommen. Dafs er sich die Vorteile dieser Stellung wohl zu Nutze machen wird ist selbstverständlich, aber eben so selbstverständlich, dafs der Hahnrei das nicht merken wird.

Das Gegenstück bildet die alte Kupplerin, die man mit der des vorigen Gedichts vergleichen mufs. Hier ist sie das 'süfse Mütterchen', denn sie begünstigt den Dichter und läfst ihn heimlich ein. Nur wird sie gebeten, ihre Gunst nicht auch auf die andern auszudehnen.

Zwischen beiden die gesucht pathetische Schilderung der magna sacerdos, die im heiligen Wahnsinn ihr Blut verspritzt und mit Wunden in Brust und Seite das Orakel der Bellona verkündet — ein Liebesorakel, mit dem die Priesterin des wildesten unter den orgiastischen Culten bemüht wird, um die aufserordentlichen Mittel nachzuweisen, die dem Tugendwächter zur Abschreckung der leichtfertigen Jugend zu Gebote stehn: 'wer dies Weib, Amors Schützling, berührt, dessen Schätze (das viele Geld, mit dem die reichen Jünglinge sich den Zugang erkaufen) werden dahinfliefsen, wie hier mein Blut, verwehen wie hier die Asche im Winde'. Der Orakelspruch ist keineswegs auch gegen den Dichter gerichtet; vielmehr will er jetzt für Delia, wenn sie ihn einläfst, ein gutes Wort bei der Priesterin einlegen, die auch ihr für ihre Untreue Strafe angekündigt hat. So ist das prächtige Pathos zum komischen gewendet.

Der Verdrufs bewegt den Dichter zum Ausplaudern, die Verräterrolle soll ihn zum Gehülfen des Mannes befördern, in dieser Stellung hofft er seine alten Rechte als begünstigter Liebhaber wieder zu erlangen. In diesem Gedankengange bewegt sich die Elegie. Den Maſsregeln, die der Eifersüchtige dem Gatten vorschlägt, entsprechen im letzten Teil die Bedingungen, die der Leichtversöhnte zu einem neuen Liebesbündnis macht. 'Ich will sie schlagen' hat er dem Gatten gesagt (v. 37); 'ich dich schlagen? Gott behüte'! sagt er der jungen Frau (v. 73). Die Wächterrolle aber überläſst er nun vertrauensvoll der 'goldnen Alten'.

Zu kritischen Bedenken hat der erste Teil Anlaſs gegeben und somit zu Umstellungen, die alles verderben. Nach den einleitenden Distichen wird, in ähnlicher Weise wie in der ersten Elegie, dasselbe Thema mehrfach variiert und gesteigert. Zunächst redet der Dichter mit sich selbst und verrät dem Hörer schon das Schlimmste: 'ich selbst habe sie gelehrt die Wächter zu täuschen, unsre Zusammenkünfte zu ermöglichen, die Spuren meiner Küsse zu vertilgen. Nun betrügt sie mich mit den andern wie früher den Gatten mit mir'. Dann die Anrede an den Gatten (v. 16): *me quoque servato, peccet ut illa nihil,* worauf die allgemeine Belehrung über die Künste und Schliche folgt, mit denen junge Frauen den Gatten betrügen. Über seinen Anteil berichtet er zunächst noch nichts, er macht nur deutlich, daſs er die Sache versteht und erbietet sich zu gelegentlichem Dienst (v. 23):

at mihi si credas, illam sequar unus ad aras:
tum mihi non oculis sit timuisse meis.

Und nun zählt er, gleichsam zur besseren Empfehlung, die eignen Thaten auf; der Hörer ergänzt sich das v. 9—14 Verratene, das unter vier Augen vorgegangen war: dem Gatten werden nur Dinge berichtet, deren er sich allenfalls entsinnen kann. 'Was soll dir auch das holde Weibchen, da dus nicht bewahren kannst? Sie ist nicht dein, auch wenn du dich im vollsten Besitze wähnst. Aber (nun, nach v. 25 ff., mit sehr erhöhter Bedeutung) v. 37:

at mihi servandam credas: non saeva recuso
verbera, detrecto non ego vincla pedum.

So erweisen sich die scheinbaren Wiederholungen auch hier als wohlberechnete Steigerungen desselben Motivs.

10.

Die Besprechung der Deliagedichte beschliefse ich mit einigen allgemeinen Bemerkungen über die poetischen Eigenschaften des Dichters. In welcher Hinsicht ihn seine Genossen überragen hat Haupt (opusc. III p. 205 ff.) meisterlich entwickelt. Trotzdem folgen Velleius (II, 36) und Quintilian (X, 1, 93) richtiger Erkenntnis, indem sie den Preis der römischen Elegie Tibull zuerkennen. Wenn gefragt wird, wer die Elegie als Kunstwerk auf die höchste Stufe gebracht hat, auf der sie verbleiben durfte ἐπεὶ ἔσχε τὴν αὑτῆς φύσιν, so kann die Antwort nur auf ihn lauten. Mit den Griechen können wir ihn leider nicht direct vergleichen; aber man darf behaupten, dafs er seine Gattung der Elegie bei den Alexandrinern nicht vorfand. Er steht dem Liebesepyllion und Epigramm der Alexandriner so fern wie den λουτρὰ Παλλάδος und der coma Berenices; viel näher dem was uns von Mimnermos geblieben ist.

Die Elegie wie Tibull sie gepflegt hat, die beschaulich im Gefühl des Dichters die Dinge bespiegelt und in wenig Motiven schwelgen kann, weil sie nicht durch Gedanken sondern durch Stimmung wirkt, diese Gattung der Elegie verlangt kein reiches und vielschaffendes Talent, aber eine grofse Kunst der Behandlung. Sie mufs durch eine einheitliche Stimmung zusammengehalten sein und dieselbe im Hörer erzeugen; die Linien des Grundrisses müssen durch das verschlungene Spiel der Empfindung halbverdeckt, die Fugen durch modulierende Übergänge gefüllt sein. Der Hörer wird nicht zum Nachdenken aufgefordert, sondern gleichsam auf den Wogen der Töne hingetragen. Tibull ist Meister in dieser Kunst. Ob er dasselbe Motiv in immer gesteigerter Wendung wiederholt (wie im ersten Gedicht), ob sich Bild um Bild aus dem zu Anfang umschriebnen Gedankenkreise entwickelt (wie im dritten), der Dichter führt uns unvermerkt in der Spirale oder von Punkt zu Punkt. Ob die elegische Stimmung, in ihren einzelnen Momenten weise abgestuft, den Sinn allmählich gefangen nimmt (wie im ersten Gedicht) oder gleich zu Anfang in ganzer Fülle anklingt (wie im zweiten und dritten) oder erst gegen Ende in unvermuteter

Wendung überrascht (wie im vierten), der Hörer hat jedesmal den Eindruck unmittelbarer Gefühlsäufserung. Diese Wirkung wird wesentlich erzielt durch die im Verlauf meiner Erörterungen mehrfach hervorgehobene, Tibull ganz eigne Neigung, träumerisch einem Gedanken, einer Empfindung nachzuhängen und nun wie willenlos von der Phantasie getragen weiterzudichten bis zum plötzlichen Erwachen oder allmählichen Verfliegen der Traumbilder. Es liegt am Tage, dafs die häufige Anwendung dieses Kunstmittels in der natürlichen Anlage des Dichters ihren Grund hat. Der nahe liegenden Gefahr aber, sich in wirklich nebelhafte Regionen der Poesie zu verlieren, begegnete seine kräftige und originelle Dichternatur.

Es verlohnt sich, Tibulls Bildern und Wendungen die Beobachtungskraft, den feinen Natursinn abzulauschen, mit dem sie angeschaut und verwendet sind. An diesem Bedürfnis, die Welt aufserhalb poetisch zu verarbeiten, erkennt man ja vor allem den wahren Dichter und unterscheidet ihn von dem Gefühlsreimer, der uns in seinem Herzen spazieren führt, während der Dichter auch im kleinsten Raume (und die wenigen Lieblingsthemata Tibulls sind zum Schlagwort geworden) den Kreis des Lebens beschreibt. Tibull zieht selten die hergebrachten Register an und wird selbst dann fast nie conventionell; wenn er aber seine eigne Sprache spricht, so ist er stets frisch und eigenartig, alles wird ihm gegenständlich, er greift stets ins Leben hinein und gestaltet zum Leben. Beispiele bietet die erste Seite so gut wie jede andre und darum mag das nächstliegende genügen. 'Wer da will, möge Schätze häufen und Äcker koppeln',

quem labor adsiduus vicino terreat hoste,
Martia cui somnos classica pulsa fugent:

wir leben und atmen unversehens in ganz bestimmter Situation: die feindlichen Lager sind nah an einander gerückt, Postenstehen und Patrouillegehen bringt beständige Anstrengung und Gefahr; wer sich zum Schlummern legen darf, mufs doch jeden Moment auf den Stofs des Allarmhorns gefafst sein. Hier hätten auch berühmtere römische Dichter nur von den sehr gefährlichen Parthern und den sehr entfernten Britannen zu reden gewufst. So kann man dieses und die anderen Gedichte durchcommentieren, man wird überall Fülle der objectiven Anschauung, höchste Kunst in prägnanter und lebenswahrer Darstellung derselben finden. Daher kommt es denn, dafs auch häufige Wiederholung desselben Motivs die Frische und Genufsfähigkeit des genufsfähigen Lesers nur erhöht und als Wiederholung überhaupt nicht empfunden wird.

Auch auf die besondere Kunst in der Gruppirung dieses Bilderreichtums habe ich mehrfach hingewiesen. Ausgeführte Gemälde werden parallel gestellt, von leichter hingeworfenen eingefafst, das Anfangsbild findet erst am Schlusse sein Pendant, während in der Mitte deutliche Gegenüberstellung herrscht: eine Art von Symmetrie der Bilder und Motive, oft freilich zu fühlen leichter als zu demonstrieren, wirkt fast durchweg stützend und zusammenschliefsend mit zur Einheit der Form.

Das Angeborene wie das Erworbene in Tibulls poetischem Charakter wird man um so höher anschlagen, wenn man bedenkt was für Einflüsse er sich fern halten mufste. Der Alexandrinismus, den man auf griechischem Boden anerkennen mufs und lieben kann, hat in Rom manches Talent auf Abwege geführt; die Rhetorik ist zwar durch Ovid erst zur Musenquelle gemacht worden, aber für Tibull lag die Gefahr ihrem Bannkreise zu verfallen nicht weniger nah. Er hat aber nichts Schulmäfsiges, weder rhetorisch Schulmäfsiges wie Ovid noch alexandrinisch Schulmäfsiges wie Properz. Er ist überhaupt fast frei von griechischem Einflufs. Dafs in seinen Gedichten anderes als wenige Einzelheiten auf zierliche Nachdichtungen griechischer Vorbilder zurückzuführen sei, ist ebenso unerwiesen wie unwahrscheinlich. Tibull wurzelt durchaus im Boden seiner Nationalität und dichtet auf diesem Boden rein menschlich. Seine Gefühle sind selbstempfunden, seine Gedanken selbstgewachsen — das ist ja bei Properz nicht anders; aber wie sein Aberglaube echt römisch, so ist seine Mythologie Religion, nicht Buchgelehrsamkeit. Wo er gelehrt wird, da tritt er aus seinem Kreise und macht ein hölzernes Gedicht wie das zu Messalla's Geburtstage. Und dahin gehört denn auch die Aufzählung der Sibyllen und in beschränkterem Grade der Katalog der Verdammten. Dagegen thun kleine griechisch-mythologische Bilder und Wendungen wie I, 4, 63. 64; 5, 45. 46; 10, 35. 36; II, 3, 11 sq. grade in der ungeschmückten Umgebung die prächtigste Wirkung.

Alle Vorzüge der tibullischen Dichtung treten am reinsten und reichsten in den Elegien des ersten Buches hervor; ganz in ihren Kreis gehört noch die erste des zweiten Buches. Der Cyclus der 6 Sulpicia-Elegien vertritt ein andres Genre, zeigt eine andre Kunst der Composition und kann demgemäfs viele der oben berührten Vorzüge nicht zur Geltung bringen; aber die künstlerische Vollendung ist die gleiche wie in den besten der gröfseren Elegien. Die Nemesislieder zeigen, wenn mich das Gefühl nicht täuscht, bereits die Spuren beginnender Manier. Es sind seine letzten Gedichte, wie Ovid bezeugt; dafs uns andre verloren sind bezeugt Horaz durch die Erwähnung der Elegien an Glycera, die mit Nemesis zu identificieren nicht der mindeste Anlafs vorliegt, bezeugen die beiden Schlufsnummern der Sammlung und Charisius p. 87, 5. Lygdamus hat nichts Tibullisches wie er auch nichts Ovidisches hat. Aber es ist uns wichtig, an ihm ermessen zu können, wie hoch Tibull über dem gleichzeitigen, der Technik vollkommen mächtigen Durchschnittspoeten steht.

Bonn.   **Friedrich Leo.**

Horatius.

I. Zur Chronologie und Anordnung der Oden.

"Nun ist die Fiction des dreizehnten Briefes, die aber nur Bentley begriffen hat, (denn die Neueren finden wieder v. 18 *nitere porro* ganz leicht verständlich), dass dem Vinnius, der bei August zu thuen hatte (v. 3 *si poscet*) und schon auf dem Wege [nach Rom] war (*porro vade*), eine wiederholte Anweisung nachgeschickt wird, wie er *volumina carminum* von Horaz dem Augustus überreichen soll. Wenn nun Horaz, wie man die Worte doch nehmen muss, seine drei Bücher Oden an August auf dem Landweg, *per clivos flumina lamas*, schickte, so musste das nach dem Anfang des Jahres 730 und vor dem Winter 732 geschehen: denn vorher und nachher war August nicht in Italien. Und gewiss wird man auch gar nicht versucht irgend eine Ode der drei ersten Bücher später zu setzen als in den Anfang des Jahres 730, wenn man nur nicht [bei Horazens Freunde Virgilius an den Dichter und] bei den Parthern immer gleich an das Jahr 734 statt an 724. 725 (Dio LI 18. 19) denkt".

Es ist leider noch immer nicht überflüssig diese Sätze Lachmanns zu wiederholen, da sie auch jetzt noch Vielen unbekannt geblieben sind. Und doch sind sie im Wesentlichen der unverrückbare Eckstein, auf welchen jede Untersuchung über die Abfassungszeit horazischer Oden sich gründen muss. Dass die *vo-*

---

[1]) Kl. Schriften II 155; die mit eckigen Klammern bezeichneten Sätze halte ich für nicht erweislich. Dass für den Anfang des Jahres 730 vielmehr der Sommer des Jahres 731 zu setzen ist, wird die folgende Auseinandersetzung darlegen.

lumina, welche Vinnius August überreichen soll, die Oden enthielten ist klar: an die Epoden kann selbstverständlich nicht gedacht werden: Satiren und Episteln schliesst von allem Anderen abgesehen die Bezeichnung *carmina* (v. 17) aus: an verschollene Gedichte, und gleich mehrere Bücher (*libelli* v. 4, *fasciculos librorum* 13), wird man Angesichts der Schlussworte der vita Suetons auch nicht denken dürfen — kurz es bleiben nur die ersten drei Odenbücher übrig. Horaz übersendet also mit diesem natürlich nicht bloss für Vinnius bestimmten Begleitschreiben ein erstes Autorenexemplar derselben dem Princeps, dem diese Gedichte ja auch mit gewidmet sein sollten: das lehrt die hervorragende Stellung desjenigen Liedes, welches August am rückhaltlosesten feiert an der Spitze der Sammlung, unmittelbar nach dem Vorwort an Maecenas.

Nicht minder sicher ist, dass der Überbringer sich auf dem Landwege zu August begiebt. Zwar klingt in den entscheidenden Worten *viribus uteris per clivos flumina lamas* v. 10 noch das neckische Schrauben des Adressaten mit *Asinaeque paternum cognomen* v. 8 ebenso durch wie in *sarcina chartae* v. 6 und *cave ne titubes mandataque frangas* v. 18, und die einzelnen Ausdrücke wollen nicht so gepresst sein wie es Mommsen kürzlich gethan (Hermes XV 106), wenn er aus ihnen folgern zu müssen meint, dass es sich nicht um einen Weg von Rom nach dem Albanum oder nach Baiae handeln könne: erst dann passe die Wendung genau, wenn Vinnius um zum Kaiser zu gelangen die Alpen zu passiren hatte[2]) — aber die harmlose Neckerei würde zur unmotivirten Plumpheit, wenn der Esel hätte zu Schiff nach Sicilien oder Griechenland gehen müssen. Somit haben wir an Augusts Abwesenheit von Italien erst in Spanien, von wo er im Frühjahr 730 heimkehrte, sodann im Orient, wohin er sich über

---

[2]) Bei Mommsens Annahme, welcher die Oden auf der Heimkehr aus Spanien im Frühjahr 730 überreicht sein lässt, kommen wir überdies mit III 14 ins Gedränge, dessen Fiction es ja ist, den Dichter den Einzug des Princeps, der *hispana repetit penates victor ab ora* auf seine Weise feiern zu lassen. Soll Horaz dies Gedicht bereits Monate vorher verfasst und August mit übersandt haben?

Sicilien im Spätherbst 732 begab, den festen und unverrückbaren Rahmen innerhalb dessen die Veröffentlichung der ersten Odensammlung fallen muss.

Die Grenze nach vorwärts noch bestimmter und enger abzustecken, bietet uns der Tod des Marcellus Ende 731 die Möglichkeit. Allerdings nicht in der Weise wie Franke wollte (fasti p. 64), der die Publication der Oden darum noch bei Lebzeiten des Marcellus erfolgt sein liess, weil sonst Horaz nicht würde unterlassen haben auf Veranlassung des Todesfalls seine Theilnahme in poetischer Form öffentlich zu bekunden. Ein derartiges argumentum ex silentio ist immer misslich und ohne zwingende Kraft. Vielmehr scheint mir es kaum denkbar, dass im Laufe des Trauerjahres, welches zwischen dem Tode des Marcellus gegen Ende 731 und der Abreise Augusts nach dem Osten Herbst 732 liegt, unter dem noch frischen Eindruck dieses Trauerfalles Horaz sollte dem Herrscher das Liederbuch unterbreitet haben, in welchem an bedeutsamer Stelle das Gedicht prangte (I 12), welches seiner Zeit den Bund des Iulischen Gestirns mit dem Geschlecht der Marceller als die Erfüllung und Krönung des Baus gefeiert hatte, an dem römische Heldenkraft Jahrhunderte hindurch sich abgemüht[*]). Wie schneidender Hohn hätte da das verheissungsvolle *crescit occulto velut arbor aevo fama Marcellis* in den Zusammensturz aller dynastischen Hoffnungen hineinklingen müssen. Dass diese Ode in die Sammlung aufgenommen ist und als Gegenstück zu der zweiten Ode ihren Platz da gefunden hat wo wir sie lesen, zwingt zu der Annahme, dass Marcellus damals noch am Leben war.

Gewinnen wir hierdurch einen festen terminus ante quem, so hilft es uns noch weiter, wenn wir die Auswahl und Ordnung derjenigen Oden schärfer ins Auge fassen, welche Horaz an den Anfang des ersten Buches und somit der ganzen Sammlung gestellt hat. Es ist schon mehrfach in neuerer Zeit, zuerst wenn

---

[*]) Die von Haupt (Opusc. III 61) zuerst wieder betonte Beziehung von I 12 auf die bevorstehende Vermählung der Iulia und des Marcellus halte ich für ganz sicher, und ist dieselbe auch schon von früheren Erklärern bemerkt worden.

ich nicht irre von Christ⁴), ausgesprochen worden, es scheine für
die Auswahl dieser Gedichte die Absicht massgebend gewesen zu
sein, gleich von vornherein dem Leser die ganze Mannichfaltig-
keit metrischer Formen, über welche der Dichter verfügte, vor
Augen zu stellen. Darum sei von den ersten neun Oden jede
in einem anderen Versmasse gedichtet. Diese richtige Beobachtung
ist aber noch weiter auszudehnen: für die zwölf ersten Gedichte
lässt sich das Princip der Auswahl und Anordnung noch nachweisen. Horaz hat in den zusammen edirten drei Odenbüchern
zwölf Formen der metrischen Periode, oder, um die einmal üb-
liche missbräuchliche Bezeichnung zu gebrauchen, zwölf Strophen-
formen angewandt: von zehn derselben finden wir Musterbei-
spiele an die Spitze der Sammlung gestellt; neu treten im zweiten und dritten Buche nur je eine Form hinzu: im zweiten die
hipponakteische⁵) Strophe (II 18), im dritten das ionische System
(III 12). Neben der Rücksicht auf die Form ist aber die Auswahl in gleicher Weise durch den Wunsch bedingt, einzelnen
nahmhaften oder dem Dichter besonders nahestehenden Persön-
lichkeiten eine Aufmerksamkeit dadurch zu erweisen, dass er den
Ausdruck der Gedanken und Empfindungen welche ihn bewegen
mit ihrem Namen verknüpft, sie gewissermassen als die ersten
unmittelbaren Empfänger seiner poetischen Gaben vor den Augen
des grösseren Leserkreises als diejenigen hervorhebt, von denen
er zunächst eine verständnissvolle Würdigung seiner Schöpfungen
erwarten darf. Somit machen selbstverständlich die Asklepiadeen
des Prologs an Maecenas⁶) den Anfang; ihnen schliesst sich als

---

⁴) Christ: Die Verskunst des Horaz im Lichte der alten Überlieferung
p. 36 (Sitzungsber. der Münchener Akademie, 1868), eine Abhandlung, welche
den Erklärern der Oden unbekannt oder unverständlich geblieben zu sein
scheint, wie ihre sogenannten metrischen Übersichten zeigen.

⁵) Diese Bezeichnung, welche lediglich aus den Scholien bei Cruquius
stammt, ist so thöricht wie möglich: die Metriker nennen den ersten Vers
ausnahmslos *metrum euripidium*. Indessen lassen sich diese wie die übrigen
einmal recipirten Benennungen der horazischen Metra füglich nicht mehr aus
der Welt schaffen. Aber man sollte wissen, dass sie auf absolut keiner alten
Tradition beruhen.

⁶) In engster Verknüpfung steht mit diesem Widmungsgedicht, welches

glänzendes Probestück der sapphischen Strophe die Huldigung an
August als Rächer und Friedenbringer auf Erden an. Als drittes
Gedicht folgt das propempticon Vergilii, von den in der ersten
asklepiadeischen Strophenform gedichteten Liedern das einzige,
welches sich für so bevorzugten Platz eignete — höchstens hätte
noch III 24 in Frage kommen können. Und um eben dieser
hervorragenden Stellung des Gedichtes willen halte ich trotz
Lachmann den Virgil dieser Ode nicht für den aus IV 12 bekannten Kaufherrn, sondern mit Christ (epicrisis fastorum Ho-
ratianorum p. 10) und Bücheler (coniectanea Bonn. 1878, p. 14) für
den Dichter, dem ja Horaz die freundliche Wendung seines Geschickes
vor allem schuldete. Für ebenso sicher erachte ich es aber auch,
dass jede Beziehung auf Virgils letzte Reise nach Griechenland
734 aus chronologischen Gründen absolut ausgeschlossen ist. Wer
an dieser Beziehung festhalten will, muss die Ode entweder für
eine Fälschung halten oder annehmen, dass sie erst bei einer
zweiten Ausgabe der carmina hier eingeschaltet sei. Es liegt
auf der Hand, dass Beides keiner ernsthaften Widerlegung bedarf. Die dürftige Kenntniss welche wir von Virgils Lebensgang
besitzen wird eben durch die Thatsache bereichert, dass er in
späteren Jahren zwischen 725—730, ähnlich wie Properz, nach-
zuholen versucht hat, was Horaz selbst und Ovid im Ephebenalter genossen, die Anschauung der classischen Stätten des atti-

---

gewissermafsen das Programm seiner Dichtung enthält, der in demselben
Metrum, zur selben Zeit und aus derselben Stimmung heraus gedichtete
Epilog (III 30). Ist im Prolog als Ziel und Streben des Dichters ausgesprochen, als römischer Alcaeus (epp. II 2, 99) dem Neungestirn der griechischen Lyriker zugesellt zu werden und als Zeichen der Anerkennung den
Epheu des Dionysus um die Schläfen winden zu dürfen, so schliesst im Epilog das nunmehr durch die That und den Erfolg berechtigte Verlangen nach
dem eigentlichen Symbol wahrer Dichterweihe, nach dem apollinischen Lor-
beer — *mihi Delphica lauro cinge volens Melpomene comam* — sein Schaffen
emphatisch ab. Jetzt wird ihm als *laurea donandus Apollinari* Wirklichkeit,
was im Anfang wie vermessener Traum klang: *sublimi feriam sidera vertice.*
An diesen Schluss des Prologs knüpft das *sume superbiam quaesitam meritis*
unmittelbar an.

schen Bodens⁷). Eine derartige Reise ist doch wahrhaftig keine Weltumsegelung, sondern für die Menschen der damaligen Zeit und der besseren römischen Gesellschaft etwas ganz Gewöhnliches.

Mustern wir nunmehr den Kreis hervorragender Männer und literarischer Freunde, welchen Horaz in poetischer Zuschrift gehuldigt, so dürfen wir zunächst einesteils Asinius Pollio und Agrippa, anderenteils Varius bedacht erwarten. Den alkaischen Strophen welche Pollio feiern ist ein Ehrenplatz am Eingang des zweiten Buches zugewiesen, an Agrippa ist das sechste Gedicht als specimen der zweiten asklepiadeischen Strophenform gerichtet; zugleich soll es Ehrendenkmal für den Poeten Varius sein, dem als Menschen Horaz sich ja nicht minder herzlich verpflichtet und verbunden (Serm. I 5, 40; 6, 55) fühlte, wie Virgil. Dass dieses Gedicht erst an sechster Stelle steht darf befremden, hat aber ersichtlich seinen guten Grund. Mit Nachdruck weist in demselben Horaz darauf hin, dass er seine eigentlichen Stoffe auf dem Gebiete des leichteren erotischen und sympotischen Liedes finde: nothwendig musste also doch mindestens eine derartige Kleinigkeit voraufgegangen sein, sollte der Leser nicht stutzen. Dieser Erwägung verdankt offenbar die zierliche

---

⁷) Einen ganz verwandten Fall führen uns die Verse vor Augen, mit welchen Krinagoras einen älteren italischen Stubenmenschen zur Fahrt nach Athen aufmuntert (AP XI 42)

*εἰ καί σοι ἰδραῖος ἀεὶ βίος οὐδὲ θάλασσαν
ἔπλως χερσαίας τ' οὐκ ἐπάτησας ὁδούς.
ἔμπης Κεκροπίης ἐπιβήμεναι, ὄφρ' ἂν ἐκείνας
Δήμητρος μεγάλης νύκτας ἴδῃς ἱερῶν,
τῶν ἄπο κὴν ζωοῖσιν ἀκηδέα, κεῦτ' ἂν ἴκηαι
ἐς πλεόνων, ἕξεις θυμὸν ἐλαφρότερον.*

Die Epigramme des Krinagoras sind mit wenigen Ausnahmen in Italien in den Jahren 727—740 gedichtet und voller Beziehungen auf die Angehörigen und Freunde des augusteischen Hauses: so ist wohl auch das meist missdeutete *ἄγχουροι μεγάλου κόσμου χθόνες* AP IX 235 auf die Vermählung der jüngeren Kleopatra mit Iuba um 734 (Mommsen, Ephem epigr. I, 276) gedichtet, und das Epigramm an Sallustius Crispus (anth. Plan. IV 40) wird trotz Olahns Wink (Hermes II 245) noch immer nicht für die Erklärung von *nullus argento color est* verwerthet.

fünfte Ode auf Pyrrha ihren Platz. Wenn wir nun noch vor derselben in unmittelbarem Anschluss an das propempticon Vergilii das Gedicht an L. Sestius Quirinus den Consul der zweiten Hälfte des Jahres 731 lesen, so dürfen wir erwarten, dass auch hierfür eine wohlerwogene Absicht bestimmend gewesen ist. Dieselbe lässt sich noch erkennen. Dass August, als er sich entschloss auf das Consulat hinfort zu verzichten, gerade den alten Freund und Kameraden des Brutus an seine eigene Stelle treten liess, keinen gesinnungslosen Schwächling, sondern einen charaktervollen Mann, der in unerschütterlicher Treue das Andenken seines alten Führers hochhielt (Cass. Dio LIII 32), das durfte mit Recht sichere Bürgschaft dafür erscheinen, dass nunmehr wirklich die Zeit friedlicher Entwicklung im Innern und völliger Vergessenheit des Vergangenen angebrochen sei. Ich halte daher die bereits öfters ausgesprochene, zuletzt wieder von Buecheler wiederholte Vermuthung, dass es eben der Consul Sestius ist, welchem Horaz diese Verse widmet, für unabweisbar: erst so erhält das emphatische *o beate Sesti* seinen gebührenden Nachdruck. Und wir gewinnen damit zugleich den festen Anhalt eines terminus post quem für die Herausgabe der Sammlung. Von der Villeggiatur bei Alba aus ordnete August diese Dinge (Cass. Dio LIII 32): er selbst hat noch als Consul im Juni die feriae latinae, wie die Reste der Jahrestafel des latinischen Festes (CIL VI 2014 Mommsen im Hermes V 383) bezeugen, abgehalten; wenn auch die tribunicische Gewalt nicht damals zuerst ihm übertragen worden ist, sicherlich hängt die officielle Datirung der Jahre seiner tribunicia potestas vom 27 Juni 731 ab mit der Niederlegung des dauernden Consulats zusammen. Ende Juni hat somit Sestius das Consulat als suffectus angetreten: erst nach diesem Zeitpunkt ist I 4 verfasst — oder wenn man will die Beziehung auf den Consul des Jahres in das bereits fertige einem griechischen Originale[8]) nachgebildete Gedicht nachträglich eingefügt worden. Somit ist die Zusammenstellung und Publication der Sammlung

---

[8]) Selbstverständlich nicht dem alkaeischen ἦρος ἀνθεμόεντος ἐπάιον ἐρχομένοιο, sondern wohl demselben Gedichte, aus welchem Paulus Silentiarius (AP X 15) den typischen bis zum Überdruss, auch von Horaz später (IV 7. 12)

frühestens im Juli oder August des Jahres 731 erfolgt. Sie allzuweit in den Herbst hinabzurücken verbietet, wie schon oben bemerkt ist, einmal der Tod des Marcellus, sodann noch ein zweiter Umstand. Es ist schon oft seit Vanderbourg hervorgehoben worden, dass Horaz schwerlich die Gedichte in denen er den Schwager des Maecenas L. Licinius Murena⁹) ehrt (II 10, III 19), seiner Sammlung unmittelbar nach der Entdeckung der

---

wiederholten Zügen, mit denen die epigrammatische Poesie das Anbrechen des Frühlings gemalt hat (AP X 1—16) sein
ἄρτι δὲ δουρατέοισιν ἐπωλίσθησι κυλίνδροις
ὁλκὰς ἀπ' ἠιόνων ἐς βυθὸν ἑλκομένη
eingefügt hat. Wahrscheinlich also einem Epigramm des Kallimachos. Denn wie sehr der steife Byzantiner grade von Kallimachos abhängig ist, lehrt doch wohl das überaus häufige Zusammentreffen desselben mit Properzischen Wendungen und Motiven — am auffälligsten Prop. I 3 7 fg. = AP V 275 und 262. Oder soll man im Ernste es für möglich halten, dass Horaz und vollends Properz in Byzanz im VI. Jahrhundert gelesen und nachgebildet worden seien? Für Horaz lassen auch an spätere alexandrinische Vorlagen die überaus raffinirten malerischen Contraste des Eingangs denken: der Bauer am Herdfeuer und der im Rauchfrost blinkende Anger, der Reigentanz der Venus und ihres Gefolges im Mondenlichte auf Kythera — *Cytherea* prädicativ wie III 4, 64 *Delius et Patareus Apollo* — und der humpelnde Gatte inmitten seiner Kyklopen von der Flammengluth des Hochofens überschienen — das sind Farben, die nur einer malerisch arbeitenden Phantasie eignen. An Wiedergabe eines wirklichen Gemäldes, wie Meineke wollte, ist darum freilich noch nicht zu denken.

⁹) Licinius Murena heisst er in der Überschrift von II 10 in derjenigen Handschriftengruppe, welche auch I 4 das richtige *Sestius Quirinus* allein erhalten hat, sowie bei Dio LIV 3; L. Murena bei Velleius II 91. Unsere sonstigen Quellen nennen ihn bald Varro Murena — so Sueton Aug. 19 Tib. 8 — bald Terentius Varro: Cass. Dio LIII 25 Strabo IV 206, mit vollem Namen A. Terentius A. F. Varro Murena die Inschrift bei Henzen 5311, in der Regel aber schlechthin Murena, wie unter anderen Strabo XIV 670, der erzählt, dass in seinen Sturz der ihm nahe befreundete Peripatetiker Athenaeus aus Seleucia verwickelt war, den August, nachdem er sich von seiner Harmlosigkeit überzeugt, laufen liess. Die Geschwister — Terentia und C. Proculeius: Dio LIV 3; einen zweiten Bruder lernen wir aus einer Bemerkung Porphyrios zu II 2, 5 kennen: *Proculeius eques romanus amicus Augusti rarissimae pietatis erga fratres suos Scipionem et Murenam fuit*, wo *Caepionem* zu ändern doch nicht der geringste Grund vorliegt.

Verschwörung des Fannius Caepio, in welche Murena verwickelt war, würde eingefügt haben. Zwar werden diese Vorgänge gewöhnlich erst in das Jahr 732 gesetzt, da Dio (LV 3), dessen Angaben ja für die annalistische Kenntniss der augusteischen Zeit ebenso wichtig wie nur nach schärfster Controle verwendbar sind, den Bericht von diesen Dingen in die Erzählung des Jahres 732 eingelegt hat, aber mit Unrecht, wie die Capitolinischen Fasten lehren. Während in der literarischen Fastenüberlieferung als Consuln des Jahres 731 ausnahmslos Augustus und Cn. Calpurnius Piso genannt werden, zeigen die Reste der inschriftlichen Fasten, dass Augustus das Consulat zunächst mit A. Terentius Varro Murena zusammen antrat. In Augusts Stelle trat Sestius, des Murena Nachfolger ward Piso. Wie das letztere gekommen, ist freilich auf dem Steine nicht mehr zu lesen: das Erhaltene . . . . *est in e(ius) l(ocum) f(actus) est [Cn. Calpurni]us Cn. f. Cn. n. Piso* lässt sich aber füglich nicht anders als zu [*in mag(istratu) mortuus] est* ergänzen. Somit fällt, wie schon Henzen (CIL I p. 450) gesehen, die Verschwörung und das tragische Ende[10]) Murenas

---

[10]) Wenn Tiberius *civilium rerum rudimentis . . . . Fannium Caepionem qui cum Varrone Murena in Augustum conspiraverat reum maiestatis apud iudices fecit et condemnavit* (Suet. Tib. 8), so kann er dies nur als Quästor gethan haben. Er bekleidete aber die Quästur in demselben Jahre, in welchen Marcellus Aedil war (Dio LIII 28), also 731. Dazu stimmt, dass auch Velleius (II 93) den Tod des Marcellus gegen Ende seines Amtsjahres *circa Murenae Caepionisque coniurationis tempus* ansetzt. Auffallend bleibt freilich, dass die literarische Überlieferung das Consulat des Murena, während dessen die Katastrophe eintrat, völlig todschweigt; sie kennt als Eponymen des Jahres 731 nur August und Murenas Nachfolger Piso. Und dafür, dass August und Piso unmittelbar Collegen gewesen, also die Entdeckung der Verschwörung Murenas noch weiter zurück bis vor das Consulat des Sestius zu rücken sei, könnte ja der Umstand zu sprechen scheinen, dass August in seiner schweren Krankheit in der ersten Hälfte des Jahres (Dio LIII 30) dem Agrippa das Reichssiegel, dem Piso aber τάς τε δυνάμεις καὶ τὰς προσόδους τὰς κοινὰς ἐς βιβλίον ἐςγράψας ἔδωκεν. Dann wird aber das von Dio (LIV 3) in dem Bericht über den Staatsprozess gegen M. Primus erzählte Auftreten Murenas gegen den als Belastungszeuge erschienenen Augustus, 'τί δὴ ἐνταῦθα ποιεῖς καὶ τίς σε ἐκάλεσεν;' noch unverständlicher — von allen anderen Schwierigkeiten abgesehen. Ob wohl die Instauration des latinischen Festes, welche

noch in die zweite Hälfte des Jahres 731. Seine Stelle nahm Cn. Calpurnius Piso ein, welcher *Brutum et Cassium secutus concesso reditu petitione honorum abstinuit donec ultro ambiretur delatum ab Augusto consulatum accipere* (Tac. ann. II 43). Nichts kann uns deutlicher zeigen wie völlig die Reste der altrepublikanischen Partei sich mit der Ordnung des Principats ausgesöhnt hatten, als die Thatsache, dass in der Krisis dieses Jahres zwei alte Kampfgenossen des Cassius und Brutus an der Spitze der Senatsverwaltung stehen durften [11]). Offenbar war die Conspiration des Caepio und Murena ganz persönlichen Motiven entsprungen und entbehrte jeder irgendwie tiefer gehenden politischen Tendenz. Auch zu Piso hat höchst wahrscheinlich Horaz in näherer Beziehung gestanden; denn ich halte die Einwendungen gegen die herrschende Ansicht, dass die Abfassung der epistula ad Pisones in die allerletzten Lebensjahre des Dichters falle, welche Michaelis [12]) erhoben hat für nicht widerlegbar. Damit wird zugleich die von den alten Erklärern (Porph. zu AP 1)

---

nach Ausweis der Jahrtafel Ende October unter Betheiligung Pisos stattgefunden hat (Hermes V 383) mit einem Dankfest für die Entdeckung und Abwendung der Gefahr, welche Augustus bedrohte, zusammenhängen mag?

[11]) Daraus können wir auch lernen, wie wenig begründet der Anstoss ist, welchen man an *Catonis nobile letum* genommen. Erst für die folgende Generation, deren Phantasie nicht mehr die eigene Erinnerung an den Jammer der Revolutionszeit zügelte, ward Catos Name zum Symbol und gewann staatsgefährliche Bedeutung.

[12]) Comment. Mommsen. p. 420. Nicht alle Bedenken von Michaelis scheinen mir so triftig, wie das aus der Erwähnung des Sp. Maecius Tarpa in v. 387 hergenommene: der Rath *si quid tamen olim scripseris in Maeci descendat iudicis aures* ist angesichts eines starken Siebzigers thöricht, und Maecius bloss als Typus des gestrengen Kritikers zu nehmen verbietet doch wohl die Fortsetzung: *et patris et nostras*. Wenn übrigens Michaelis die Frage aufwirft (p. 430). ob die Worte *voti sententia compos* v. 76 nicht auf das Epigramm gehen, so haben die alten Erklärer wenigstens die Stelle gar nicht anders verstanden: *hoc metro mortuis fletus componebant antiqui vel epigrammata consecrationum, sicut Horatius docet de arte poetica 'versibus impariter iunctis querimonia prima, post etiam inclusast voti sententia compos'*. Sacerdos p. 510 K.

aufgestellte Identificirung der Pisones mit dem Stadtpräfecten L. Piso † 786 und seinen Söhnen Lucius cos 761 und Marcus cos 781 hinfällig, und der Brief muss an unsern Cn. Piso den Consul des Jahres 731 und seine beiden Söhne, den in die Geschichte des Germanicus verflochtenen Gnaeus cos 747 und Lucius cos 753, gerichtet sein. Die Sache wird meines Erachtens durch den von Sueton erhaltenen Wortlaut des Briefes entschieden, welchen Augustus *post sermones quosdam lectos nullam sui mentionem habitam questus* an Horaz richtete um denselben dadurch zu der Abfassung des Sendschreibens über die literarischen Missstände der Zeit zu nöthigen: *irasci me tibi scito quod non in plerisque eiusmodi scriptis mecum potissimum loquaris*. Es geht nicht an, diese Worte auf die Lecture des ersten Epistelbuches zu beziehen: von welchem der darin vereinigten Briefe hätte denn wohl August wünschen können, dass der Dichter ihn an seine Adresse gerichtet haben möchte? ganz abgesehen davon, dass in den Episteln des ersten Buches doch mehrfach Augusts und seiner Thaten ehrende Erwähnung geschieht: I 13; 12,28 und vor allem 16,25 fg. Der Ausdruck *eiusmodi scriptis* zeigt, dass in den unmittelbar voraufgehenden Worten auf den Inhalt der gelesenen Gedichte Bezug genommen war, und wenn Sueton dieses Schreiben mit der Abfassung des grossen Literaturbriefes an August combinirte, so berechtigte ihn dazu lediglich der Umstand, dass in jenen von ihm nicht mitgetheilten Worten von den literarischen und ästhetischen Themen, welche Horaz in mehreren Dichtungen behandelt habe, ausdrücklich die Rede gewesen war. Die erforderliche Mehrzahl derartiger sermones gewinnen wir aber nur, wenn wir annehmen, dass August ausser dem Brief an Florus zugleich auch den an die Pisonen gelesen hatte. Diese Annahme ist also nicht bloss eine Verlegenheitsauskunft, wie Vahlen (Monatsber. der Berl. Akad. 1878, 703) mit zu weit getriebener Vorsicht zugiebt: sie folgt vielmehr wie mir scheint mit zwingender Nothwendigkeit aus der scharfen Interpretation der Worte Augusts. Der Brief an die Pisonen fällt somit vor den Brief an Augustus, dessen Abfassungszeit Vahlen mit überzeugenden Gründen auf 740 fixirt hat, wahrscheinlich nicht allzu weit von dem Brief an Florus, der dem Jahre 735[13]) angehört.

Doch es wird höchste Zeit zu den Oden des ersten Buches zurückzukehren: für die ersten sechs Gedichte meine ich, liegen nunmehr die Motive der Auswahl und Anordnung deutlich erkennbar vor. Dass für die siebente Stelle die an Munatius Plancus gerichtete Mahnung zum Lebensgenusse dem Dichter passender dünkte als die in demselben Maasse gedichtete Archytasode lässt sich begreifen[14]). Freilich giebt auch das gewählte Gedicht Räthsel genug auf. Niemand denkt wohl mehr im Ernst daran es in zwei selbstständige Gedichte, das eine ausmündend in den Preis Tiburs, das andere die Paränese an Plancus enthaltend zu zerreissen: aber das Gefühl ist gewiss nicht unberechtigt aus welchem heraus schon Kritiker der hadrianischen Zeit[15]) an eine

---

[13]) Vgl. Mommsen Hermes XV 113; für den Brief an Augustus nimmt Mommsen das Jahr 741 in Anspruch, weil August aus Gallien zurückgekehrt sein müsse; wenigstens aus v. 15 *praesenti tibi maturos largimur honores* folgt dies nicht, wie der Zusammenhang lehrt. Diese Worte stellen August in Gegensatz zu den Heroen der Vorzeit, welche wie Romulus nach dem Tode *in caerula caeli templa sublati* auf Erden *dum terras hominumque colunt genus — ploravere suis non respondere favorem speratum meritis*, oder wie Herkules der *comperit invidiam supremo fine domari*: sie haben also mit der Anwesenheit in Italien nichts zu schaffen; *praesens* ist der noch auf Erden wandelnde, wie C. III 5, 2 *caelo tonantem credidimus Jovem regnare, praesens divus habebitur Augustus*.

[14]) Die gewöhnliche Bezeichnung *metrum Alcmanium* ist so falsch wie möglich und hat schon Unheil angerichtet, als hinge wie das Metrum so auch die eigenthümliche Composition der Ode irgendwie mit Alkman zusammen. Das Metrum ist ein Archilochisches Epodenmaass, wie schon die Anwendung in der zwölften Epode *quid tibi vis mulier nigris dignissima barris* lehren kann. Ganz richtig wird der katalektische Tetrameter des Epoden von Bassus 269 K. = Hephäst. p. 42 als *tetrametrus cuius auctor est Archilochus* bezeichnet. Gedankenlose Identificirung des Epoden mit dem akatalektischen Tetrameter Alkmans — noch richtig geschieden von Marius Victorinus *quae dactylo pede clausa alcmanicum, spondeo autem archilochium metrum efficiet* p. 115 K. — hat wie es scheint erst in neuerer Zeit zu der falschen Benennung Anlass gegeben.

[15]) *Hanc oden quidam aliam putant* bemerkt Porphyrio zu v. 15. Aber in denselben Handschriften, welche dem entsprechend mit diesem Verse ein neues Gedicht beginnen lassen, trägt trotzdem der erste Theil die Überschrift

Theilung dachten. Wenn Horaz es in der ersten Hälfte ablehnt
seine Leier auf die Verherrlichung vielgepriesener oder sagenberühmter und der gelehrten Dichtung geläufiger hellenischer
Orte zu stimmen: ihn begeistere vielmehr der italische Boden
Tiburs: nicht bacchische oder apollinische Begeisterung setze ihn
in Entzücken, nicht Pallas oder Hera zu Ehren preise er Athen
oder Argos, sondern ihn berausche Albunea, die Sibylle von Tibur,
das Brausen des Anio, das Rauschen seiner Wälder, so hat das
schlechterdings nichts mit der folgenden Empfehlung des Weines
als des wahren Sorgenbrechers gemein. Das *seu densa tenebit
Tiburis umbra tui* ist doch eine gar zu gebrechliche Brücke
zu derselben hinüber, und ihre Tragkraft wird kaum durch die
Vermuthung Büchelers erhöht, dass hinter dem ausgesprochenen
patiens Lacedaemon ein gedachtes Lugudunum stecke, welches Plancus fast zwanzig Jahre vorher gegründet hatte. Schwerlich werden wir jemals ausmachen können, welchen von den
Städtenamen, die den Eingang der Ode schmücken, die Zeitgenossen mehr Werth als den volltönender poetischer Vokabeln beilegen sollten: aber soviel scheint mir wahrscheinlich,
dass der ursprünglich für sich gedachte Eingang erst später durch
die Beziehung auf Plancus ist erweitert worden. Ob es Zufall
ist, dass sich in den sieben lyrischen Hexametern des ersten Theils
zwei harte Verschleifungen *unum opus* 5 *Anio ac* 13 finden,
während die neun Hexameter des zweiten Theils nur ein einmaliges *duce et* 27 aufweisen, weiss ich nicht, so wenig wie ich mir
vorstellen kann, aus welchem Grunde die allgemein gehaltene
Mahnung an den Lebemann Plancus im Weine des Daseins Sorgen und Mühen zu vergessen, exemplificirt wird grade durch
das Beispiel des Teucer, der die Genossen seiner Mühsalen auffordert erst noch einmal im Zechen die Sorgen zu bannen, um
dann die Fahrt nach dem von Apoll verheissenen zweiten Salamis
anzutreten: aber das scheint mir sicher, dass zu diesem Bilde
die Verse Virgils Aen. I 195 sq. *vina — dividit et dictis mae-*

---

ad Munatium Plancum. Die Theilung ist also, wenn auch älter als Porphyrio,
so doch jünger als die Fixirung der Überschriften der Oden, welche noch
dem ersten Jahrhundert angehören muss.

rentia pectora mulcet: 'o socii — neque enim ignari sumus ante malorum — o passi graviora, dabit deus his quoque finem.... forsan et haec olim meminisse iuvabit... tendimus in Latium, sedes ubi fata quietas ostendunt: illic fas regna resurgere Troiae die Vorlage sind. Die schon von Porphyrio bemerkte Uebereinstimmung in der ganzen Situation, in den Wendungen der Anrede, in der Motivirung ist zu gross um zufällig zu sein: für Virgil aber waren nicht die horazischen, sondern die homerischen Verse, in denen Odysseus die Gefährten anfeuert die Gefahren der Skylla und Charybdis zu bestehen (μ 208 fg.) Vorbild[16]), wie sein *forsan et haec olim meminisse iuvabit* = καί που τῶνδε μνήσεσθαι ὀΐω zeigt. Hat Horaz somit diese Partie der Aeneis gekannt, und das erste Buch gehört sicher zu denjenigen Theilen des Gedichts, welche Virgil am frühesten zu einem gewissen Abschluss brachte, so ist damit auch die Ausrede verschlossen, dass die Ode des Plancus zu den frühesten Versuchen gehöre, womöglich aus der Zeit wo Horaz noch gar nicht an die Nachbildung der aeolischen Lyrik dachte. Und am wenigsten wird man eine so frühe Abfassungszeit mit speziellen Anlässen aus dem bewegten Leben des Plancus in Beziehung setzen können. Wir dürfen doch nicht vergessen, dass der Mann, welcher 727 an dem Abschluss der neuen Verfassung hervorragenden Antheil hatte, und den August 732 zum Censor wählen liess, viel zu hoch stand, als dass Horaz wagen durfte ihm guten Rath über das was er thun oder lassen solle ertheilen zu wollen. Die geringschätzige Beurtheilung der Persönlichkeit, welche solchen Phantasien zu Grunde liegt, beruht lediglich auf der Animosität, die Velleius, doch wahrhaftig keine Autorität, aus Gott weiss welcher Veranlassung, so oft er auf Plancus zu sprechen kommt an den Tag legt.

Es folgt das metrische Kunststück der achten Ode, in ihrem Motiv sichtlich einem jüngeren griechischen Vorbilde nachge-

---

[16]) Wenn es in den aus den alten Virgilscholien excerpirten Zusätzen zum Servius zu v. 298 heisst *et totus hic locus de Naevii belli Punici libro translatus est* so mochte schon Naevius die homerischen Verse verwandt haben.

dichtet, welches durch die reichlich aufgetragenen römischen Localtöne namentlich am Schluss hervorbricht. Dass leidenschaftliche Liebe einen kräftigen Jüngling völlig sich selbst und den Kameraden entfremdet, muss ein der attischen neuen Komödie geläufiges Motiv gewesen sein, am breitesten ausgeführt in dem Original der Plautinischen Mostellaria: *cor dolet quom scio ut nunc sum atque ut fui: quo neque industrior de iuventute erat. disco hastis pila cursu armis equo .. victitabat volup.* (149 fg. R.). Auch die Sage von Achill unter den Töchtern des Lykomedes, in welcher das Gedicht zum Schlusse mit feiner Wendung durchblicken lässt, dass die Selbstvergessenheit nicht dauernd sein möge, lässt sich vor der Kimonischen Zeit[17]) nicht nachweisen.

An neunter Stelle erst bringt dann Horaz sein Lieblingsmaass, das alkaeische zugleich mit der höchst instructiven Nachbildung eines alkaeischen Trinkliedes (fr. 34), darum so instructiv, weil sie uns in gleicher Weise die Abhängigkeit wie die Freiheit dem Vorbild gegenüber erkennen lässt. Das Motiv der Winterlandschaft die zum Zechen einladet ist dem Original entlehnt, aber völlig individualisirt: im Hintergrund ragt der schneebedeckte Soracte, die näheren Bäume unter der Last des Schnees gebeugt, zu Füssen der Tiber, so stellt sich wohl in strengem Winter die römische Campagna vom Monte Mario aus dem Auge dar: nur dass schwerlich Horaz je den Tiber zugefroren gesehen hat; dies von der thrakischen Küste her dem Alkaios geläufige πεπάγασιν ὑδάτων ῥοαί ist ein falscher Zug in dem sonst so einheitlichen Bilde. Enger schliesst sich die zweite Strophe an das Vorbild an: nur *Sabina diota* bringt einen Localton in die Schilderung[18]), und an die Stelle des alkaeischen Knappen tritt der fictive Thaliarchus, über dessen

---

[17]) Zuerst in den Sophokles Σκύριαι und gleichzeitig auf dem Gemälde Polygnots (Paus. I 22, 6).

[18]) Es war recht thöricht von mir, auch in dem *quadrimum merum* einen individuellen Zug, den Hinweis auf einen bestimmten Jahrgang suchen zu wollen (Horaz. Kleinigkeiten p. 6). Vielmehr schwebten Horaz Stellen wie τετράενες δὲ πίθων ἀπελύετο κρατὸς ἄλειφαρ (Theokr. VII 147) oder ἀνῷξα δὲ βύβλινον αὐτοῖς εὐώδη τετόρων ἐτέων σχεδὸν ὡς ἀπὸ λανῶ (Theokr. XIV 15) vor.

Civilverhältniss man sich wirklich nicht den Kopf zerbrechen darf. Sicher ist auch noch die folgende Strophe alkaeisch: für den lesbischen Rittersmann dessen Poesie auf den Wellen ebenso zu Hause ist, wie auf dem Lande, ist dies Ausschauen nach den Wetterzeichen auf der See ebenso ungezwungen natürlich, wie es bei Horaz befremdet, dessen Phantasie, wenn sie selbstständige Bilder schafft, die Einzelzüge von der sabinischen Berglandschaft oder seiner apulischen Heimath oder den Strassen der Weltstadt zu entlehnen pflegt. Aber was bei Alkaios gewiss noch ganz realistisch empfunden war: draussen tobt der Wintersturm, drum Wein her, bis das Unwetter vorüber! hat in der Nachbildung schon einen Stich in das Symbolische erhalten: sorge nicht um die Stürme; die Götter werden sie schon besänftigen, sondern geniesse die Gegenwart dieweil — und hiermit setzt die selbstständige Weiterführung des römischen Nachdichters ein — du noch jung bist. Und indem Horaz dieses weiter ausspinnt und die heiteren Bilder jugendlichen Frohsinns und anmuthigen Liebesgetändels ausmalt, ist Eis und Schnee plötzlich geschmolzen und die linde Luft italischen Frühlingsabends umgiebt uns. Dieses Ausgleiten aus einer nicht selbst empfundenen und -erfundenen Situation, dieses Unvermögen den aus fremder Hand überkommenen Faden festzuhalten, soll man nicht durch gezwungene Interpretation zu vertuschen suchen: man braucht dasselbe aber auch nicht gerade für eine Feinheit des Dichters zu halten, sondern soll es begreiflich finden und nicht durch völlig unberechtigte Athetesen aus der Welt schaffen wollen.

Mit dem neunten Gedicht lassen Christ und L. Müller die Reihe dieser zur Einführung des Lesers ausgewählten Probestücke schliessen: mit Unrecht, denn das Metrum der zehnten Ode deckt sich nur scheinbar mit dem schon durch das zweite Gedicht vertretenen sapphischen Maasse. In dieser Nachbildung des alkaeischen Hymnus auf Hermes gestattet sich Horaz bereits die Freiheit, welche er im carmen saeculare und den Oden des vierten Buches mit sicherem Bewusstsein ausübt, den Hendekasyllabus von der Fessel der an die fünfte Stelle gebundenen Cäsur zu entlasten. Denn das ist doch wohl kein Zufall, dass in den 15 Hendekasyllaben nicht weniger denn dreimal [19]) der Einschnitt nach der sechsten Stelle eintritt. Ebensowenig ist es Zufall, dass vor der vorletzten Thesis regelmässig Wortschluss eintritt, ausser im v. 15 *iniqua Troiae,* wo der Eigenname eine Ausnahme bedingte: denn in *nisi reddidisses* v. 9 ist die Abweichung nur scheinbar. Horaz hat eben in diesem Gedicht den Versuch gemacht den sapphischen Hendekasyllabus künstlicher zu behandeln: worauf er dabei hinauswollte kann uns die eingehende Analyse lehren, welche nur zwei Generationen später Caesius Bassus vom Phalackischen Elfsilbler giebt (p. 258—263 K.). Dieselbe beruht ja auf der Theorie, welche auch die complicirteren Metra vermittelst der Principien der adiectio und detractio, concinnatio und permutatio aus wenigen Grundformen herleitete, derselben Theorie, auf welcher die paar metrischen Sätze fussen die uns von Varro erhalten sind, wenn er z. B. den iambischen Octonar und Septenar durch adiectio eines viersilbigen bez. dreisilbigen Komma aus der Grundform des Senars entstehen lässt. Natürlich ist diese Lehre nicht römischem Boden entsprungen: schon bei Bassus erscheint sie eng verbunden mit einer Terminologie, welche die einzelnen metrischen Reihen nicht nach Zahl und Beschaffenheit der verbundenen Takte benennt, sondern bald mit dem Namen ihrer Erfinder, bald nach den Dichtern, welche dieselben häufiger angewandt haben, bezeichnet. Die Kenntniss der poetischen Literatur, welche die Nomenclatur der Archebulischen Philikischen Praxilleischen Sapphischen und Alkaeischen Verse voraussetzt, ist selbst Varro nicht zuzutrauen: dieses ganze System von Bezeichnungen, wenn auch von Heliodor noch vervollkommnet, stammt sichtlich aus bester alexandrinischer Zeit und mit ihm ebendaher die Ausbildung jener Theorie der derivatio metrorum. Der Urheber derselben war ein spitzfindiger Kopf, darauf erpicht Alles möglichst auf die beiden Grundformen des daktylischen und iambischen Sechsfüsslers zu reduciren, *in his enim omnium*

---

[19]) *Mercuri facunde nepos Atlantis* 1, *nuntium curvaeque lyrae parentem* 6, *sedibus virgaque levem coerces* 18; in sämmtlichen übrigen sapphischen Gedichten der ersten drei Bücher findet sich diese Freiheit nur noch viermal: I 12, 1; 23, 11; 30, 1. II 6, 11.

metrorum fundamenta subsistunt (Mar. Vict. p. 50 K.). Ja an der Spitze des Systems stand der Satz, dass selbst diese beiden Grundformen in dem Munde des göttlichen Schöpfers aller Poesie und Metrik in eins zusammengeflossen sein: das dreimal wiederholte ἰὴ παιάν des Pythischen Gottes ist der erste Trimeter und der erste Hexameter in Einem. Das ist natürlich nicht grammatische Doctrin, sondern philosophische Speculation, um der Theorie willen ausgeklügelt, und ihr ältester Gewährsmann sicher auch ihr Schöpfer: Heraklides Pontikus[20]). Wer dann der Grammatiker gewesen, der auf dieser Theorie ein vollständiges System der Metrik aufgebaut hat, wissen wir nicht mehr; liegt es uns doch in deutlicheren Umrissen zuerst in den unbezahlbaren Resten der Schrift des Caesius Bassus (Gramm. lat. V p. 255—271 K.) vor. Seine Absicht ist aber nicht lediglich auf theoretische Einsicht in die Natur der einzelnen Metra gerichtet gewesen: es sollte ebenso befähigen metrische Neubildungen zu erfinden[21]). So hat denn schon vor Bassus Seneca diese Theorie praktisch angewandt, und nach ihrem Recept die verzwickte Polymetrie der horazischen Kola seiner Cantica, gestaltet, wie Leo obss. crit. p. 133 gezeigt hat; sie und gewiss keine andere wird Palaemon gelehrt und befolgt haben, wenn er *scripsit variis nec volgaribus metris* (Sueton de gramm. 23). Nach ihr hat denn auch Horaz der ja

---

[20]) Athen. XV 701 — die Stelle weist mir Wilamowitz nach — τὸ δὲ ὑφ' Ἡρακλείδου τοῦ Ποντικοῦ λεχθὲν φανερῶς πέπλασται ἐπὶ σπονδαῖς τοῦτο πρῶτον εἰς τρὶς εἰπεῖν τὸν θεὸν οὕτως 'ἰὴ παιάν, ἰὴ παιάν, ἰὴ παιάν'. ἐκ ταύτης γὰρ τῆς πίστεως τὸ τρίμετρον καλούμενον ἀνατίθησι τῷ θεῷ, φάσκων τοῦ θεοῦ τοῦθ' ἑκάτερον εἶναι τῶν μέτρων· ὅτι μακρῶν μὲν τῶν πρώτων δύο συλλαβῶν λεγομένων ἰὴ παιὰν ἡρῷον γίνεται, βραχέως δὲ λεχθεισῶν ἰαμβεῖον· διὰ δὲ τοῦτο δῆλον ὅτι καὶ τὸν ἴαμβον ἀναθετέον αὐτῷ. βραχειῶν γοῦν γινομένων, εἰ δύο τὰς ἁπασῶν τελευταίας συλλαβὰς εἰς μακρὰν ποιήσει τις, ὁ Ἱππώνακτος ἴαμβος ἔσται. Dasselbe kehrt mehr oder minder genau bei allen lateinischen Metrikern, welche auf Caesius Bassus irgendwie zurückgehen, wieder: Terent. 1586 sq.; Mar. Vict. p. 50, 21; Diomed. p. 495, 1.

[21]) *Habet autem metrorum contemplatio, si exercitatio accessit, in cognoscendo voluptatem, cum et quaecumque dicuntur metra celeriter intellegamus unde sint et qua ratione composita, et multa ipsi nova excogitare possimus.* Caes. Bass. p. 271, 23.

kein Autodidakt[22]) war, die metrischen Bildungen seiner griechischen Muster auffassen und deuten gelernt, und was wir als eigenthümliche Horazische Neuerungen anzusehen gewöhnt sind, beruht nur auf der consequenteren Durchführung ihrer Normen auf Versgebilde, welche eine von den Fesseln metrischer Doctrin noch freie musische Kunst geschaffen. Erst unter diesem Gesichtspunkt verliert die Erscheinung, dass er die Basis der logaödischen, von der Theorie als Kommata des daktylischen Hexameters aufgefassten[23]) Verse durchweg spondeisch baut, das Gepräge in-

---

[22]) Catull hat sich sichtlich weit weniger an die grammatische Theorie, als vielmehr an das Studium seiner Originale gehalten. Dass seine sapphischen Verse der Cäsur, welche die beiden Kommata fühlbar machen soll, ermangeln, seine distichischen Asklepiadeen ihren choriambischen Bau verleugnen, die Beobachtung der Synaphie in seinen glykonischen Systemen, die Bindung der beiden letzten Kola des sapphischen Metrums — welche er dann auch auf die übrigen Kola übertrug — Alles das las er wohl sich selbst aus den Gedichten des Sappho heraus. Daher auch die Zulassung der freieren von der Theorie verpönten Formen der Basis des Phalaeceus *quae et Sappho* — im fünften Buche — *et Anacreonta et alios auctores secutus non tamquam vitiosa vitavit sed tamquam legitima inseruit* (Bass. p. 261), die mit gewisser Absichtlichkeit in der Widmung seiner *nugae* gehäuft sind.

[23]) Die theoretische Begründung ist noch deutlich; sie beruht auf der Ableitung des Glykonischen und Pherekrateischen Kolons als der beiden Kommata aus dem Priapeus, der mit dem daktylischen Hexameter nach dem Schema *cui non dictus Hylas puer | et Latonia Delos* (Bass. p. 260) identificirt wird. Dann muss natürlich der anlautende Fuss ein Spondeus sein. Aus dem ersten Komma, welches in dieser älteren Theorie noch nicht Glyconius heisst, sondern als *anacreonteon metrum syllabarum octo quod musici bacchicon vocant, grammatici choriambicon* (ib. p. 269) bezeichnet wird, somit für choriambisch gilt, werden dann durch Einschaltung, adiectio, weiterer Choriamben die beiden Asklepiadeen gebildet. Die principielle Forderung der spondeischen Basis — Bassus fügt hinzu *non ignoro autem variari primas et secundas syllabas utriusque in priapeo commatis, ut modo ab iambo incipiat modo a trochaeo* — beruht zum Theil wohl auch auf Observation. Schon bei Anakreon ist der Spondeus in den Glykoneen und Pherekrateen, wie es scheint auch in den Asklepiadeen, die Regel. Auf 59 Fälle des Spondeus findet sich der Trochäus nur zweimal (πορφυρίη τ' Ἀφροδίτα 2, 3; οὔτι μὴν ἀπαλὴν κάσιν 12), der Iambus eben so oft (ἐγὼ δ' οὔτ' ἂν Ἀμαλθίης 8, 1; ὁ δ' ὑψηλὰ νενωμένος 10). Denn ὄμβριον Δία τ' ἄγριοι 6, 3 und ἔρως παρθένιος πόθῳ 13 sind erst durch Conjectur hereingebracht.

dividueller Willkür und ist nur die Consequenz des Systems, von dessen Zwang der Dichter nur ein einzigesmal in einem seiner frühesten Gedichte (I 15, 36) sich emancipirt hat. Nach dieser Theorie also lässt Bassus den Phalaeceus in der mannichfaltigsten Weise entstehen: einmal nach dem Satz *omnis versus κατὰ τὸ πλεῖστον in duo cola dividitur* (Mar. Vict. 54, 4) aus einem daktylischen und einem, je nach Ansetzung der Caesur nach der sechsten oder fünften Stelle, iambischen oder trochaeischen Kolon. Sodann durch adiectio, indem entweder am Schluss ein dreisilbiges Komma zu einem anakreontischen resp. ein viersilbiges Komma zu einem daktylischen Kolon hinzutritt, oder am Anfang einem iambischen Anakreontiker ein drei- oder viersilbiges Komma vorgeschuht wird. Endlich durch detractio, indem aus einem Sotadeus von dem Schema $--[\cup\cup,-]-\cup\cup,-\cup-\cup,-\cup$ nach den ersten zwei Silben ein Anapäst ausgeschaltet ist. In ganz ähnlicher Weise ist auch der sapphische Hendekasyllabus analysirt worden, zumeist als Combination eines bald katalektisch gebildeten, bald akatalektischen trochaeischen und eines iambischen Komma (Caes. Bass. p. 267 K.)[24]). Dass Horaz denselben so und nicht etwa als

---

[24]) *Composita autem cola huius carminis singula ex duobus commatibus, quorum quod antecedit ex archilochio quadrato nascitur — sequens comma trimetri iambici primam habet partem* (Bass. p. 267). Nur wer gelernt hatte auf diese Weise den sapphischen Vers in seiner ersten Hälfte aus dem Tetrameter des Archilochus abzuleiten, der durfte sagen *temperat Archilochi musam pede mascula Sappho*. Von sonstiger Abhängigkeit der aeolischen Lyrik von den Maassen des Archilochus ist doch wenig zu spüren; die Wendung steht eben ganz auf dem Boden der Schultheorie, welche die aeolischen Logaöden durch concinnatio und immutatio aus den archilochischen Iamben und Trochäen zu entwickeln im Stande war. So werden denn auch von Bassus (p. 269) die beiden schliessende Kola der alkaeischen Strophe, der Neunsilbler durch adiectio der schliessenden Silbe aus dem Dimeter der archilochischen Epode, der Zehnsilbler durch detractio der einen Kürze des dritten Dactylus aus dem daktylischen Epoden desselben ($-\cup\cup-\cup\cup--[\cup]-\overline{\cup}$) abgeleitet: *temperat Alcaeus* fährt Horaz fort. Aber auch als Erfinder des sapphischen Maasses galt Alcaeus der Theorie: ἔστι δὲ καὶ παρ' Ἀλκαίῳ, καὶ ἄδηλον ὁποτέρου ἐστὶν εὕρημα, εἰ καὶ Σαπφικὸν καλεῖται (Heph. p. 84) und bestimmter: *sumptum est ab Alcaeo; Sappho quoque frequenter eo utitur* (Bass. p. 266). Und es sieht fast so aus, als ob sowohl das Ritardando an vierter, wie der Einschnitt

logaödischen oder choriambischen Vers aufzufassen gelernt hat, zeigt seine Behandlung der Caesur, anfänglich nur nach der fünften, später abwechselnd auch nach der sechsten Stelle. Aber ebenso liess sich auch der Versuch machen ganz analog der Art wie Bassus den Phalaeccus aus dem Hinzutreten eines schliessenden Amphibrachys zu der achtsilbigen anakreontischen Reihe erwachsen lässt, in gleicher Weise auch den sapphischen Vers in eine achtsilbige Reihe von dem Schema $-\smile---\smile\smile-$ und schliessenden Amphibrachys zu zerfällen. Dieses Experiment hat nun Horaz in der zehnten Ode unternommen: natürlich dass bei dieser Form die regelrechte Cäsur nicht innegehalten werden brauchte, da der Vers nunmehr aus ganz anderen caesis sich zusammensetzt. Beide Erscheinungen, der dreisilbige Wortfuss am Schlusse und das Schwanken der Cäsur bedingen sich eben gegenseitig. Die Probe auf meine Auffassung giebt die Thatsache, dass Horaz jene von mir vorausgesetzte achtsilbige Reihe noch einmal als selbstständiges Kolon verwandt hat. Denn das Metrum der achten Ode *Lydia dic per omnis te deos oro Sybarin cur properes amando* ist doch wohl von Hause aus als ein Mesodikon von der Form:

$$-\smile\smile-\smile--$$
$$-\smile---\|\smile\smile-$$
$$-\smile\smile-\smile--$$

gedacht, und hier hat sich Horaz sogar noch die Mühe gegeben, die von der Schule geforderte Cäsur nach der fünften Stelle consequent durchzuführen. Mir ist übrigens kein Zweifel, dass Horaz dieses Metrum selbst erfunden hat: das zeigt deutlich die Verlegenheit, in welcher sich Caesius Bassus demselben gegenüber befindet.

nach der fünften Stelle einen Anhalt an der Beobachtung der alkaeischen Praxis gehabt haben möchte, sofern die uns erhaltenen sieben Hendekasyllaben

χαῖρε Κυλλάνας ὁ μέδεις, σὲ γάρ μοι
θῦμος ὕμνην, τὸν κορύφαις ἐν αὐταις
Μαῖα γίννατο Κρονίδᾳ μίγεισα. (5)
ἀλλ᾽ ἀνήτω μὲν περὶ ταῖς δέραισι
περθέτω πλέκταις ὑποθυμιδάς τις
κὰδ δὲ χευάτω μύρον ἆδυ κατ τῶ — (36)
αἰ δέ κ᾽ ἄμμι Ζεὺς τελέσῃ νόημα (77)

darauf einen Schluss gestatten.

Weil er kein griechisches Beispiel dafür nachweisen kann, geräth er auf den üblen Einfall es choriambisch messen zu wollen, das erste Kolon als katalektischen Dimeter, das zweite und dritte als Tetrameter wie sie Alkaeus gebaut hatte, wobei denn freilich der anlautende Epitrit statt des Choriamben ihn völlig aus dem Concept bringt. Allein Horaz hat das erste und dritte Kolon sicher nicht als choriambischen Dimeter gemeint: das lehren die offenbar absichtlichen daktylischen, oft noch durch Sinnespausen geschärften, Worteinschnitte (*Lydia, dic . . . perdere? cur . . . tangere? cur* u. s. w.): sondern ganz ebenso wie den Mesoden als Komma des sapphischen Hendekasyllabus, dem der anlautende Epitrit vorne weggeschnitten ist[25]). Das Metrum ist ein Kunststück raffinirtester Art, in seiner mesodischen Disposition solchen Formen wie der Platonischen und Pindarischen Tripenthemimeres (Mar. Vict. p. 145, Hephaest. p. 95) nachgeschaffen, die Kolen bis auf eine Stelle — *apricum oderit* — durch strengste Synaphie gebunden: solche Kunststücke hat Horaz nie öfters als einmal versucht.

Doch zurück zu *Mercuri facunde nepos Atlantis*: ich denke, man wird mir jetzt zugeben, dass Horaz mit Recht diese Ode als Variation des sapphischen Maasses hier einordnen konnte. Es folgt mit der elften Ode das neue noch nicht vertretene grössere Asklepiadeum, zugleich das erste wirklich erotische Gedicht, in welchem auch die zweite Hälfte der Alternative *cantamus vacui sive quid urimur* zu ihrem Rechte kommt, nachdem in I 5 der ersten das Wort verstattet war. Und nunmehr schliesst diesen ganzen Cyclus das zwölfte Gedicht ab, in welchem der Dichter zum Metrum wie zum Stoffe des zweiten Gedichts, August zu feiern, zurückkehrt. Dort die angsterfüllte Klage, dass in den ungeheuren Heimsuchungen, welche seit des divus Iulius Tode über den Staat hereingebrochen, nur ein Gott vom Himmel Hilfe bringen könne, der göttliche Sohn der Maia, der als Cäsar auf Erden wandle, und jetzt endlich die bisher immer gegeneinander

---

[25]) Richtig erkannt von Müller (de re metr. p. 113): nur darf dann das erste Kolon nicht als *versus aristophanius* bezeichnet werden.

gekehrten Waffen der Bürger gegen den Parthischen Reichsfeind wenden möge, den alten Schimpf zu tilgen: hier Preis und Dank dem allmächtigen Vater Juppiter, der wie er mit den Himmlischen die finsteren Mächte gebändigt, so römische Heldenkraft und Römertugend durch Kampf und Schuld hindurch geleitet nach allen Wechselfällen des Geschickes zum endlichen Ausblick auf eine frohe Zukunft, wo hienieden Augustus dem Erdkreis gebietet, Juppiters Blitze aber jeden ruchlosen Frevler zerschmettern. Dieser Zukunft Pfand ist der Bund des Julischen Hauses mit dem Stamme der Marceller, da August ja keinen männlichen Leibeserben besitzt: wie schon in diesen ersten Anfängen des Principats die Vorstellung von seiner Vererbung als etwas selbstverständlichem auftritt, so wenig sie sich auch mit dem staatsrechtlichen Character der Institution verträgt, zeigt die Erzählung Dios (LII 31) von der Mühe, die August hatte, den Senat davon zu überzeugen, dass er in seiner schweren Krankheit Marcellus nicht zu seinem Nachfolger designirt habe. Ist diese Beziehung des Gedichtes auf die Ehe der Julia und des Marcellus, auf welche, wie vorhin bemerkt, von Neueren zuerst wieder Haupt hingewiesen hat, sicher, so ist die Abfassungszeit der Ode in das Jahr 729[26]) zu setzen, in welchem die Vermählung stattgefunden zu haben scheint.

---

[26]) Nach Dio LIII, 27: Agrippa richtete die Festlichkeiten aus, da August τοὺς γάμους ... μὴ δυνηθεὶς ὑπὸ τῆς νόσου ἐν τῇ Ῥώμῃ τότε ποιῆσαι δι' ἐκείνου καὶ ἀπὼν ἑώρτασε. Doch bleiben mir Bedenken, da nach desselben Dio (LIII 26) Bericht Marcellus in diesem Jahre noch in Spanien bei Augustus sich befand. Freilich ist Dio's Angabe, August habe damals τοῖς τὴν στρατεύσιμον ἡλικίαν ἔτ' ἔχουσι θέας τινὰς διά τε τοῦ Μαρκέλλου καὶ διὰ τοῦ Τιβερίου ὡς καὶ ἀγορανομούντων ἐν αὐτοῖς τοῖς στρατοπέδοις ἐποίησε gewiss auch nicht ganz richtig: ich weiss wenigstens nicht was ich mir unter diesen aediles castrenses zu denken habe — aber dass Marcellus mit in Spanien focht, bestätigt des Krinagoras Epigramm auf seine Heimkehr AP VI 161. Fand die Vermählung im Jahre 729 statt, so wurde August doch nicht durch Krankheit, sondern durch die Ordnung der Provinzialverhältnisse von Rom ferngehalten. Sollte also vielleicht eher 730 anzunehmen sein? Dass Marcellus in der allerersten Zeit der Ehe (κομιδῇ νεόγαμος, νυμφίος Καίσαρος θυγατρὶ οὐ πολὺν χρόνον συνοικήσας) gestorben sagt Plutarch (Anton. 87, Marcell. 30).

So stellen also die ersten zwölf Gedichte in wohlerwogener Abfolge der Themen dem Leser von Vornherein die Mannigfaltigkeit der Formen, über welche Horazens Lyrik verfügt, vor Augen. Ist es mir gelungen die bis ins Einzelnste vom Dichter überlegte Anordnung in ihren Motiven darzulegen, so ergiebt sich daraus zugleich die Rechtfertigung der Annahme, dass die drei ersten Odenbücher im Sommer 731 publicirt worden sind. Und welches sind denn nun die Einwendungen, welche dagegen vorgebracht werden? neben der nichtsbeweisenden Reise Virgils müssen immer wieder der Niphates und Medus in II 9 herhalten, obgleich erstlich auch Virgil schon in den Georgicis III 31 von dem *pulsus Niphates* spricht, zweitens nichts uns zwingt bei Horaz gerade an Vorgänge in Armenien zu denken, drittens, selbst wenn dies der Fall, die von Mommsen (Monum. Ancyr. p. 77) besprochene Münze mit den Aufschriften *Armen(ia) rece(pta)* und *Caesar div. f. imp. VII,* also zwischen 725 und 729 geprägt, zeigt, wie misslich es ist, aus dem Schweigen unserer so überaus fragmentirten literarischen Überlieferung zwingende Schlüsse ziehen zu wollen. Vollends dass Horaz erst nach der Dedication des von August geweihten Tempels des Juppiter tonans, 1. Sept. 732, habe schreiben können *caelo tonantem credidimus Iovem* ist völlig aus den Fingern gesogen. Worin anders als in Donner und Blitz kündet der Himmelsgott den Menschen seine Macht? dann wäre ja wohl auch die zweite Epode wegen *at cum tonantis annus hibernus Iovis imbres nivesque conparat* nach 732 gedichtet? Es muss dabei sein Bewenden haben, dass in keiner einzigen Ode der ersten drei Bücher ein Hinweis auf Vorgänge enthalten ist, welche später fallen als das Jahr 731: mit diesem Jahre schliesst die erste Periode seiner Odendichtung ab[27]).

---

[27]) Wie alt in Horaz der Gedanke ist, auch die aeolische Lyrik auf italischen Boden zu verpflanzen, lässt sich mit absoluter Gewissheit nicht sagen. Das Lied auf den aktischen Sieg steht noch unter den Epoden: ein Jahr später feiert Horaz die Kunde von Kleopatras Fall bereits in den alkaeischen Rhythmen und Motiven des *nunc est bibendum*, welches Bücheler daher für das älteste der von Horaz in die Sammlung aufgenommenen Lieder. halten möchte

Gewiss ist es verlockend, nun auch noch weiteren Spuren einer bestimmten Absicht in der Anordnung der übrigen Oden nachzugehen — ob freilich mit viel Erfolg, möchte ich bezweifeln. Solche 'Scherze', wie sie Riese (Jahrb. 1866, 474) dem Dichter zutraut, wonach z. B. im ersten Buche an II., XII., XXII. und XXXII. Stelle sapphische, an XVII., XXVII., XXXVII. Stelle alkaeische Oden um der Zahlen zwei und sieben willen eingereiht seien, sind doch eigentlich zu thöricht um sie glauben zu können. Hier und da lässt sich dagegen wohl noch ein bestimmtes Princip erkennen: dass im grösseren Theile des zweiten Buches alkaeische und sapphische Oden alterniren, oder dass im dritten Buch nach den sechs zusammengehörigen Oden des Einganges der gesättigte Leser erst mit III 17 wieder das alkaeische Maass zu hören bekommt, hat Riese gewiss mit Recht auf Intention des Dichters zurückgeführt. Und ebenso möchte der Zufall aus der Vertheilung der Gedichte über die einzelnen Bücher ausgeschlossen sein. Wie sehr bei solchen Dispositionen der Autoren in vielen Fällen die Rücksicht auf den Umfang der Rolle, auf das Format, mitgewirkt hat, darauf ist ja kürzlich fein von Birt aufmerksam gemacht worden: für Horaz scheint sie erst in zweiter Linie in Betracht gekommen zu sein, wie der sehr ungleiche Umfang der einzelnen Bücher beweist — umfasst doch das zweite Buch knapp über die Hälfte des dritten, wie ein Blick in die Ausgaben jeden

---

(coniect. 1878, p. 14). Dies mag zutreffend sein für die Nachbildung alkaeischer Formen und Stoffe: den Uebergang zu diesen scheint aber das Studium der anakreontischen Poesie gebildet zu haben. Anakreon ist Horaz ganz geläufig bereits zu der Zeit, wo ihn Maecenas zum Abschluss des Epodenbuches drängte: ep. 14, 9 ff., und ep. 13 ist ja ersichtlich aus dem anakreontischen μεὶς μὲν δὴ Ποσιδηϊών ἕστηκεν, νεφέλης δ' ὕδωρ ὄμβριον, δία τ' ἄγριοι χειμῶνες κατάγουσιν (fr. 6), oder wie es im Einzelnen geheissen haben mag, erwachsen. So möchte denn auch I 27 *cuius sensus sumptus est ab Anacreonte ex libro tertio*, wie Porphyrio aus unverächtlicher Kunde bemerkt und das von Athenaeus X p. 427 erhaltene Bruchstück Anakreons (fr. 64) bestätigt, zu den allerältesten Odenversuchen gehören. Sicher gehört dazu I 23 = Anakr. 52, wo die in den übrigen Oden dieses Metrums auf das strengste eingehaltene Bindung des spondeisch ausgehenden Pherekrateus mit dem schliessenden Glykoneus noch nicht beobachtet ist: 3 *non sine vano | aurarum* und 7 *lacertae | et corde*.

lehren kann, und das erste Buch bleibt nur wenig hinter dem dritten zurück. Dagegen beachte man folgendes: das erste Sermonenbuch enthält zehn, das Epistelbuch zwanzig, das vierte Buch der Oden fünfzehn Einzelgedichte; in dem Rhythmus dieser Zahlen Zufall erblicken zu wollen, geht noch weniger an, wenn wir erwägen, dass das zweite Odenbuch zwanzig, das dritte dreissig, das erste dagegen achtunddreissig Gedichte umfasst. Diese Zahlen geben doch Manches zu denken[28]): sie besagen, dass in ihrer regelmässigen Configuration die Hand eines Interpolators nicht mit im Spiel gewesen sein kann. Es geht also nicht an, durch Streichung der ganzen Ode an Censorinus (IV 8) nicht nur die Zahlensymmetrie, sondern auch die deutliche Gliederung der Reihe durch die Cäsuren an sechster und elfter Stelle — *est mihi nonum superantis annum* ist das einzige an Mäcenas gerichtete Gedicht, welches die Continuität der Gesinnung mit den ersten drei Büchern aufrecht erhält — zerstören zu wollen. Ferner: ob die sechs grossen alkaeischen Eingangsoden des dritten Buches als Einzelgedichte zu denken, oder mit denjenigen alten Editoren, von denen die Inhaltsangaben herrühren, sowie mit Porphyrio in ein grosses gnomisches Gedicht, eine ᾠδή *multiplex per varios deducta sensus* zusammenzufassen sind, dafür lässt sich aus den Zahlen kein Kriterium gewinnen, wohl aber verbieten sie etwa die zweite und dritte Ode unter sich zu vereinigen. Und wenn nun die Zahl der Oden des ersten Buches aus der Analogie der übrigen heraustritt, so wird dies doch wohl daran liegen, dass Horaz in dieser Sammlung

---

[28]) Auch anderen Dichtern der Zeit ist diese Rücksicht auf runde Zahlen nicht fremd. In Properz fünftem Buche sind die zehn grösseren Elegien, wie V 6 *sacra facit vates* lehrt, in zwei Hälften gruppirt; die Corneliaelegie ist dann als ἀντιπρόσωπον τηλαυγές vielleicht erst später von fremder Hand angefügt; das vierte Buch zählt 25 Gedichte, Tibulls erstes Buch 10, und in Ovids zweiter Ausgabe der Amores sind die Zahlen 15. 19. 15 schwerlich unbeabsichtigt. Virgils zehn Eklogen haben freilich andere Veranlassung in der Nachbildung des Corpus der zehn Theokriteischen Idyllien, aber mit unverkennbarem Bezuge hat *prima Syracosio dignatast ludere versu* den Ehrenplatz in der Mitte, sowie auch in Horaz erstem Sermonenbuch die zweite Hälfte sich auf das Neue an Mäcenas wendet.

seine sämmtlichen Oden herausgab, keine der Oeffentlichkeit vorenthielt, somit also doch ein Buch die Kosten tragen und unregelmässig ausfallen musste. Höchst unwahrscheinlich ist es daher, dass sich in der zweiten Sammlung des Ertrages seines lyrischen Herbstes Gedichte finden sollten, welche noch aus der früheren Zeit vor 731 stammen. Sodann: wenn sich irgend ein unechtes Gedicht eingedrängt haben sollte, so haben wir es nur unter den achtunddreissig Oden des ersten Buches zu suchen. Von dieser Seite her steht also der Peerlkampschen Verurtheilung des *vile potabis modicis Sabinum* nichts entgegen, und ich bereue es nicht derselben eine neue Stütze durch den Hinweis darauf gegeben zu haben, dass das Theater des Pompeius mit seiner dem Quirinal zugekehrten Cavea gar nicht in der Nähe des Tiber und vollends des Vatikan gelegen war; dass dagegen die Worte *et paterni fluminis ripae simul et iocosa redderet laudes tibi Vaticani montis imago* ganz vortrefflich passen, wenn ihr Verfasser an das Neronische *theatrum peculiare trans Tiberim in hortis, quod a populo inpleri canente se dum Pompeiano praeludit etiam Neroni satis erat* (Plin. XXXVII 19) dachte. Und auch der Einwand den Lehrs erhoben, dass Horaz gar nicht in der Lage war selbstgebauten Landwein — und an solchen zu denken, nöthigt doch wohl das *vile Sabinum* — abzuziehen, da *angulus iste feret piper et tus ocius uva* epp. I 14, 23, scheint mir nicht hinlänglich von den Vertheidigern der Echtheit erwogen zu werden. Denn will man das Gedicht nach Analogie von III 8 und III 29 als ein ernsthaft gemeintes Einladungsbillet auffassen, so muss der sonderbaren Einladung zu einer Flasche schlechten Weines — zumal an einen solchen Feinschmecker gerichtet, dessen Zunge doch sonst (III 8, 9 sq, 29, 2) gebührend Rechnung getragen wird — ein ganz besonderer Umstand, der jenem Landwein einen gemüthlichen Werth verleiht, zu Grunde liegen. Dies würde der Fall sein, wenn Horaz hier von selbstgezogenem, auf dem Gütchen, dessen Besitz er Mäcenas verdankt, erbautem Weine sprechen könnte — und das schwebte dem Falsar, der im übrigen noch dem ersten Jahrhundert angehörte, vor. Aber vielleicht ist die Ode gar kein Gelegenheitsgedicht und enthält gar keine ernst-

liche Einladung, sondern nur eine herzliche Erinnerung an die
glückliche Genesung und die Sympathien, die damals das Publicum Maecenas bezeugt hatte — und in der That fehlt doch
eigentlich jeder Hinweis auf ein bestimmtes Local — warum muss
dann aber gerade Mäcenas den schlechten Wein trinken, und
würde man nicht vielmehr ein *potabo* erwarten? Kurz: auch abgesehen von den Schwierigkeiten der letzten Strophe, will mir
die Annahme, dass wir es hier in der That mit einer Interpolation aus der Zeit der Flavier zu thuen haben, schwer abzuweisen erscheinen: es ist diese eine der wenigen Athetesen im
Horaz, welche ich für annähernd beweisbar erachte.

II. Zur Interpolation und Interpretation der Oden.

Die Gewässer der kritischen Hochfluth, welche den grössten
Theil der horazischen Odendichtung zu verschlingen drohte, sind
seit einiger Zeit im Ablaufen; das Schlimmste scheint ja glücklich überstanden: nur hier und da setzt noch an abgelegenen
Orten der souveräne gesunde Menschenverstand den Unfug fort und
schäumt in ohnmächtigem Trotz gegen die schützenden Dämme
und Schutzwehren auf, welche die unumstösslichen Thatsachen
der Textgeschichte seinem Anprall entgegensetzen. Ueber Erwarten fest und sicher bewährt hat sich die Ueberlieferung in
diesem Unwetter, welches für uns in Deutschland zumeist erst
Meinekes unvorsichtiges, und in seiner Spitze doch nur gegen
die hergebrachte seichte und kenntnisslose Exegese des Dichters gekehrtes', Wort über Peerlkamp *quem virum post Bentleium unum omnium praeclarissime de Horatio meritum esse
profiteri non dubito et futtilissimis saepe rationibus oppugnari
indignor* (praef. p. XLIV) heraufbeschworen hat. Aber Peerlkamps
und in noch höherem Grade Lehrs' Analyse war doch eigentlich
kritisch nur in demjenigen Sinne, welchen dieses Wort für die
alten Technographen hat. Es war ein arges Vergreifen, die Resultate dieser im Grunde rein ästhetischen Analyse auf das historische Gebiet der Textesgeschichte zu übertragen, und in der
Gestaltung des Textes, statt in der Exegese des Dichters zum

Ausdruck zu bringen. So ist die angestrengte Thätigkeit eines halben Jahrhunderts doch am letzten Ende recht ergebnisslos geblieben; denn aus dem festgefugten Bau des Textes hat sie nur an ganz wenigen Stellen ein und das andere eingeflickte Steinchen abzubröckeln vermocht, und der Gewinn der sich aus ihr hätte lassen ziehen für die Einsicht in die Geistesart desjenigen römischen Dichters, der darum mit der schwierigste von allen ist, weil er der gemeinverständlichste zu sein scheint, ist, wie mir vorkommen will, von den Wenigsten gehoben worden. Eines hätte doch billig als reife Frucht aus der auf Angriff und Abwehr gerichteten Arbeit einer ganzen Generation von Philologen erwachsen müssen: eine übereinstimmende klare Vorstellung von den Voraussetzungen, aus denen die horazische Odendichtung erwachsen ist, und ein sicherer Einblick in die Art und Weise, wie der Dichter seine Stoffe wählte und formte. Wie wenig Uebereinstimmung und Sicherheit des Urtheils aber gerade hierin erreicht ist, lehrt jeder Blick in die gangbare Trivialerklärung der Oden. Freilich die Thatsache, dass Horaz kein lyrischer Dichter von ursprünglicher Begabung und natürlichem Wuchs gewesen, erkennt nachgerade wohl Jeder an: wenige leugnen es, dass in seiner Dichtung sich nicht der Wellenschlag der erregten Empfindungen in dem ebenmässigen Rhythmus einer von selbst sich aufdrängenden poetischen Form ausglättet; dass er nicht dichtet wie Catull, für den jede Erregung des Gefühls sich unmittelbar in dichterische Form und Farbe umsetzt, weil er so muss und gar nicht anders kann: dann muss man aber auch daraus die nothwendigen Consequenzen für die Erklärung im Einzelnen ziehen. Dann darf man nicht immer wieder an jedes einzelne Gedicht mit der Voraussetzung herantreten, als sei es nothwendiger Weise aus der Wirklichkeit einer bestimmten selbstdurchlebten Situation heraus empfangen und geboren, und spiele nur darum mehr anmuthig an der Oberfläche, weil der Dichter nicht im Innersten von dem Erlebten ergriffen sei. Immer wieder wird der thörichte und vergebliche Versuch erneut, den Schattenbildern, welche lediglich die Phantasie des Dichters heraufbeschwört, den lockeren Lydien, Chloen, Galateen nebst ihren

männlichen Genossen, Thaliarchus, Telephus, Nearchus, und wie
sie alle heissen mögen, künstlichen Lebensodem einblasen zu
wollen. Es geschieht aber Horaz das grösste Unrecht, wenn wir
seine Lyrik als echte Gelegenheitsdichtung auffassen und unter
dieser falschen Voraussetzung auf uns wirken lassen wollen.
Dazu fehlt derselben nicht sowohl die Stärke als die Einheitlichkeit der Empfindung und der ungehemmte Fluss, in welchem die
wechselnden Bilder, wie sie aus dem Grunde der Phantasie auf-
steigen, unmittelbar in einander rinnen: in der Regel können wir
noch die Absichtlichkeit der Composition, und damit das tech-
nische Verfahren des Dichters wahrnehmen, das bewusste Aufsuchen der Motive, das mühsame Feilen und Arbeiten, meist
um der Form, selten um des Stoffes willen. Seine Phantasie ist
kein blanker Spiegel, welcher den von der Wirklichkeit empfan-
genen Eindruck scharf und deutlich zurückwirft: vielmehr blicken
wir gleichsam durch ein kunstvolles Stereoskop, in dessen ausgewählten Bildern Absicht und Form sich nicht immer völlig
decken, und darum ein undeutliches Bild mit verfliessenden Umrissen ergeben. Zwar ist die Mehrzahl dieser Bilder mit feinstem Geschmack aus dem Besten ausgewählt, was ihm die griechische Lyrik an die Hand gab: ihr zeichnet Horaz den Ausdruck
derjenigen Gefühle nach, welche für das rein menschliche Empfinden aller Zeiten typisch sind, die Jeder einmal selbst ähnlich
erlebt und empfunden hat, und die darum jedes Gemüth be-
rühren: aber er modelt sie alle nach den Formen des aeolischen
Liedes, welche er mit der höchsten sprachlichen Meisterschaft beherrscht und allmälig auf alle Stoffe, welche er sich vornimmt,
anwendet. Wohl eignen sich diese Formen nicht für die Behandlung jedes Vorwurfs: vor Allem bei erotischen Themen ist es
Horaz nicht gelungen — ausser in so vereinzelten glücklichen
Würfen wie III 9 — den inneren Widerspruch zu überwinden,
der zwischen der von den aeolischen Dichtern geschaffenen Form
des subjectiven mit unmittelbarer Wahrhaftigkeit aus leidenschaftlich erregtem Herzen quellenden Liedes und der unbetheiligten
objectiven Ruhe klafft, mit welcher der kunstverständige römische
Nachdichter seinen Stoff zwar nicht empfindungslos, aber leiden-

schaftslos knetet und formt: für diese künstlerische Gestaltung erotischer Motive war und ist das elegische Distichon in seiner knappen Geschlossenheit und kühlen Unnahbarkeit das einzig denkbare Metrum. Glücklicher hat es Horaz getroffen, wenn er in den grossen Oden des dritten Buches den Erguss erregter patriotischer und sittlicher Reflexion aus den einengenden Banden des gnomischen Distichons entfesselte und überleitete in die brausenden Rhythmen des alkaeischen Liedes: selten hat das sittliche Pathos in der Poesie wirkungsvollere Accente gefunden als in diesen Rhythmen, welche für solchen Inhalt zum ersten Male der römische Dichter auf der alkaeischen Leier erklingen liess[29]). Dafür sind freilich andere Experimente der Art um so gründlicher misslungen, wie das mehrfach unternommene Wagniss, auch einen mythischen Stoff der Form des Liedes anzupassen, zuerst in I 15, welches den Versuch macht, Fabel und Helden der Ilias in gewagtester Verkürzung nicht wie im homerischen Epos auf Hektors Schicksal, sondern auf das Bild des Paris zu projiciren[30]); sodann in

---

[29]) Daher auch in dem Gedicht, welches unmittelbar auf diese grofsen Oden, auf die *carmina non prius audita* vorbereiten soll, und welches Horaz dem *quid dedicatum poscit Apollinem* unmittelbar angeschlossen hat, der feierlich gebietende Anruf an die Leier: *poscimus, si quid vacui sub umbra losimus tecum* I 32. *Poscimus* ist, wie Bentley mit seinem so selten irre gehenden Tact gesehen hat, die dem Inhalte wie der periodologischen Structur des Gedichtes einzig angemessene und zugleich von fast allen alten Gewährsmännern gebotene Lesart: Porphyrio hatte sichtlich keine andere vor Augen — denn auf das Lemma seiner Erklärung im Monacensis ist weder hier noch sonst etwas zu geben — wenn er erklärt: *hac ode lyram suam adloquitur ut sibi adsit et canere adseveret;* erst die späten Pseudoakronischen Scholien lasen *poscimur* und machen deshalb zu Porphyrios Erklärung den Zusatz: *poscebatur enim dicta sua edere*. Stellung wie Inhalt der Ode scheinen mir den Übergang zu bezeichnen von der spielenden Behandlung leichterer Themen zu der patriotischen Dichtung höheren Stiles, dem *latinum carmen*, wie ja auch der lesbische Patriot beiderlei Weise zu vereinigen gewusst.

[30]) Hinter der Notiz Porphyrios: *hac ode Bacchylidem imitatur. nam ut ille Cassandram facit vaticinari futura belli Troiani, ita hic Proteum* steckt schwerlich mehr als die gelehrte Notiz, dass auch Bakchylides eine Weissagung Cassandras gedichtet: an eine Nachbildung derselben durch Horaz ist nicht zu denken. Aber gerne möchte man wissen, ob die Bemerkung des Lactantius Placidus zu Stat. Theb. VII 330 *Hinc Bacchylides Minervam Itoniam dixit*

III 27, zuletzt und noch am wenigsten misslungen in III 11. In allen diesen Fällen, von denen nachher noch eingehender die Rede sein wird, ist die Kritik des Tages schmählich in die Irre gegangen, weil sie vergass, sich das künstlerische Problem klar zu machen, welches der Dichter sich selbst gestellt. Freilich nicht aus blosser Willkür oder aus Neugier, einmal zu probiren, was alles für Töne sich dem neuen Instrument entlocken lassen möchten, sondern weil Horaz tiefer wie irgend ein römischer Schriftsteller erfasst ist von dem Geiste der griechischen Renaissance, welche in der augusteischen Zeit, wie sie in der bildenden Kunst und der Prosarede den asianischen Barockstil überwindet, so auch in der Poesie wenngleich mit vergeblichem Bemühen aus den ausgefahrenen Geleisen des Alexandrinismus zurückzulenken strebt zu den Vorbildern der classischen Zeit. Dass Horaz mit diesem Streben nicht zu bestimmendem Einfluss auf die Richtung der zeitgenössischen Dichtung durchzudringen vermocht hat, ist nicht seine Schuld: das ist begründet in der abschreckenden Schwierigkeit der gestellten Aufgabe und in der hinreissenden Genialität der Vertreter der entgegengesetzten Richtung, erst des Properz, dann Ovids. Bei dieser ausgesprochenen Tendenz der horazischen Poesie wird in der Regel das volle wirkliche Verständniss der meisten Oden davon abhängen, ob es uns glückt, unter dem Schutthaufen, der uns von der classischen Lyrik allein übrig geblieben ist, noch das Vorbild ausfindig zu machen, an welches Horaz sei es in unmittelbarer Uebertragung, sei es in freier Nachbildung des Motivs, ansetzte.

---

et Alalcomenen significavit. Hic Bacchylides graecus poeta est quem imitatus est Horatius in illa oda in qua Proteus Troiae futurum narrat excidium in letzter Instanz nicht weiter als auf Porphyrio zurückgeht, oder aus anderer älterer Quelle geflossen ist. Im letzteren Falle würde man doch ernstlich zu erwägen haben, ob nicht an Stelle des Nereus der Horazüberlieferung der Proteus dieser soviel älteren Zeugen in seine Rechte einzusetzen sei: natürlich der Proteus der Chalkidischen Gewässer, wie ihn auch Virgil kennt (Georg. IV 390). Denn die Situation des horazischen Gedichtes ist der Darstellung der Kyprien entlehnt, in denen τριταῖος ἐκ Σπάρτης Ἀλέξανδρος ἀπίκετο ἐς τὸ Ἴλιον ἄγων τὴν Ἑλένην εὐαίῃ τε πνεύματι χρησάμενος καὶ θαλάσσῃ λείῃ (Herod. II 117), daher *ingrato celeres obruit otio ventos.*

So lange dies nicht gelingt, werden Gedichte wie die Archytasode in ihren Voraussetzungen uns stets räthselhaft bleiben müssen. Wären uns nicht durch Zufall die Strophen des Alkaios erhalten, an welche I 9 anknüpft, wir würden die Incongruenzen dieses Gedichts, deren Ursprung, wie oben gezeigt ist, klar zu Tage tritt, sobald wir nur die selbstständige Weiterdichtung von dem ursprünglichen alkaeischen Motiv absondern, nie richtig zu beurtheilen lernen. Das Gleiche findet, wenn auch weniger augenfällig, in I 18 statt: auch hier sind zwei nicht ganz übereinstimmende Empfindungsreihen in den Rahmen eines Liedes zusammen eingespannt. Die dringende Mahnung der durstigen Seele, den Weinstock zu pflanzen dem Gott zu Ehren, welcher demjenigen alles Ungemach beschieden, der seine Gabe verschmäht, klingt nicht allzu harmonisch zusammen mit der etwas katzenjämmerlichen Warnung, des Guten ja nicht zu viel zu thun. Das Motiv des Anfangs hat uns glücklicher Zufall in dem alkaeischen Eingang μηδὲν ἄλλο φυτεύσῃς πρότερον δένδριον ἀμπέλω erhalten: mit v. 6 *ac ne quis modici transiliat munera Liberi* überlässt der unbändige ritterliche Zechbruder das Wort seinem gesetzten und wohlanständigen Nachahmer. Nicht minder fallen alkaeische Motive und horazische Zuthaten auseinander in der Allegorie I 14. Der hilflose Zustand des auf den Wellen treibenden Wracks ist in seinen einzelnen Zügen fast ganz nach Alkaios gezeichnet, der oft genug *dura navis mala* gesungen hat, wie uns die von Pseudoheraklit erhaltenen und trotz ihrer packenden Anschaulichkeit thörichter Weise allegorisch gedeuteten Strophen (fr. 18. 19) bestätigen: im Aufruhr der Elemente pocht doch selbst dem kühnen Seefahrer das Herz an die Rippen (ἀσυνέτημι τῶν ἀνέμων στάσιν). Aber was bei Alkaios aus lebendiger Erinnerung an die selbstdurchlebte Noth schwerer Stunden hervorquillt, ist bei Horaz zur kühlen Reflexion des am Ufer stehenden Zuschauers geworden, dessen innere Unbetheiligung durch das exclamatorische Pathos und durch die Motivirung *nuper sollicitum quae mihi taedium, nunc desiderium curaque non levis* nur oberflächlich verdeckt wird: mit dem Bilde des vergeblich gegen Wind und Wellen ankämpfenden Schiffes vermischt sich störend die aus der übel angebrachten Personification, der nothwendigen Voraussetzung der allegorischen Umdeutung, fliessende Vorstellung des vorwitzig die Gefahren der stürmischen See wieder aufsuchenden Fahrzeuges. In anderen Fällen wiederum trübt die Einflechtung einer an und für sich tadellosen classischen Reminiscenz die Klarheit der aus selbstständiger Conception erfundenen Situation. Sichtlich ist die Mehrzahl der leichteren zum Genuss einladenden Gedichte in der behaglichen Abgeschiedenheit seines ländlichen Besitzes entstanden: das lehren die schildernden Einzelzüge, welche Auge und Ohr des Lesers meist in die sabinische Landschaft versetzen, der Garten am Hause, Platane und Pinie am murmelnden Bach, Hirtengesang und Schalmeien in der Ferne (I 17. 22. 23. 38. II 3. 7. III 13. 18. 22. 23. 29). So wird es auch in II 11 unter der sommerlichen Veranda seiner Villa dem Dichter klar, wie viel gescheuter es sei, statt sich wie Freund Quinctius in der Stadt den Kopf über die von Frankreich oder Russland drohenden Gefahren zu zerbrechen, vielmehr einer Flasche feurigen Falerners hier im Schatten am Bach den Hals zu brechen, und seine Phantasie ist sofort bei der Hand, dieses Wunsches Erfüllung ihm vorzugaukeln. Bis zur letzten Strophe entwickelt sich das Alles in ungezwungenem Flusse: da reisst diese in sich zusammenhängende Bilderreihe mit einem Male ab, und in die sabinische Idylle drängt sich zu guter Letzt mit *quis devium scortum eliciet domo Lyden?* plötzlich das Leben der Stadt — denn *devium scortum* soll doch nicht etwa eine gefällige ländliche Schöne bezeichnen? In III 14, wo der Dichter in Rom des Princeps Rückkehr feiern will, ist *dic et argutae properet Neaerae* wohl am Platze, und in den ländlichen Scenen II 3 und II 7, welche sonst viel mit II 11 Verwandtes bieten, ist dieses Fallen aus dem Tone vermieden: hat hier vielleicht eine frei umbildende Reminiscenz an das doch wohl alkaeische κέλομαί τινα τὸν χαρίεντα Μένωνα καλέσσαι Αἰ χρὴ συμποσίας ἐπ' ὄνασιν ἐμοὶ γεγενῆσθαι (fr. 46) das ursprüngliche Concept verdorben?

Die angeführten Beispiele genügen wohl zu zeigen, wie sehr die Würdigung der Composition davon abhängig ist, ob sich noch mit Sicherheit Beziehung auf ältere Vorlage nachweisen lässt.

Sie bestätigen zugleich für die Technik des Dichters die Beobachtung, dass durchaus nicht regelmässig das Ganze von Anbeginn an fertig und in dem ganzen Verlauf der einzelnen Scenen abgeschlossen vor seiner Phantasie stand: vielmehr componirte er häufig bruchstückweise schaffend die einzelnen allmälig zu fertigen Bildern sich verdichtenden Anschauungen zu einem Gemälde, in dessen Zusammenfügung sich oft noch die ursprünglichen Fugen und Näthe der Composition bemerkbar machen. Solch stückweises in Absätzen Strophe für Strophe vorschreitendes Concipiren der einzelnen Oden verführt zu nachträglichen Einschaltungen, wie ich deren einige eclatante Fälle gleich aufweisen will: es prägt sich aber auch schon äusserlich im Satzbau aus, in dem überaus häufigen Zusammenfallen der syntaktischen und metrischen Abschlüsse. Denn dasselbe ist nicht von Horaz etwa als Regel gesucht, sondern vielmehr nach Kräften vermieden worden. Von 231 alkaeischen Strophenschlüssen — die Schlussstrophen zähle ich natürlich nicht mit — in den ersten drei Odenbüchern, fallen 67 nicht auf starken Sinnesabschnitt, und im vierten Buch kommen auf 49 Schlüsse der gleichen Art nicht weniger denn 21 Fälle von Divergenz. In demjenigen Metrum also, welches Horaz mit der grössten Virtuosität beherrscht, sehen wir ihn zu immer grösserer Freiheit sich durcharbeiten. Schwieriger ward es ihm, in den sapphischen Strophen Abwechselung zu erreichen: von 130 Schlüssen in dem Buch I—III, fallen nur 24 nicht mit starken Sinnesabschnitten zusammen: dafür ist in den stichisch wiederholten Asklepiadeen höchst selten das Ende der vierzeiligen Periode auf eine starke Interpunction des Sinnes gelegt: wer in der Widmung an Maecenas die beiden ersten Zeilen abtrennt und darauf vierzeilige Strophen folgen lässt, setzt sich damit in directen Widerspruch mit der Absicht des Dichters. Und wer den Zahlen nicht glauben will, der achte doch auf die Technik, welche namentlich in den ersten drei Büchern oft in ganz äusserlicher und gewaltsamer Weise die Coincidenz der Schlüsse dadurch beseitigt, dass die syntaktische Periode entweder nur mit einem oder zwei Worten in das erste Kolon der folgenden Strophe übergreift, z. B.

> I 2, 49 *neve te nostris vitiis iniquum*
> *ocior aura*
> *tollat.*

oder II 9, 17 *(non)* — *ploravit omnes Antilochum senex*
annos, nec inpubem parentes
Troilon aut Phrygiae sorores
flevere semper.

oder wenn auch seltener umgekehrt bereits mit dem letzten Kolon der vorhergehenden Strophe einsetzt wie z. B.

> I 25, 16 *non sine questu*
> *laeta quod pubes edera virenti*
> *gaudeat pulla magis atque myrto*

oder I 34, 12 *valet ima summis*
mutare et insignem attenuat deus
obscura promens.

Diese oft ganz äusserliche und harte Verzahnung[31]) der metrischen und syntaktischen Gruppen zeigt doch deutlich, dass für Horaz eine künstlerische Regel, die starken Sinnesabschnitte an die Schlüsse der metrischen Periode zu binden, noch nicht existirte. Aus seinen unmittelbaren griechischen Vorbildern hätte er dieselbe auch schwerlich abnehmen können. Die Reste der aeolischen Lyrik, man vergleiche nur die beiden Oden und die distichischen Asklepiadeen (fr. 68) der Sappho, sowie Alkaios fr. 15. 18. 39, weisen davon keine Spur auf: noch bei Pindar bedingt nicht einmal der Schluss der Epode regelmässig den Abschluss des Sinnes und der sprachlichen Periode. Die uns geläufige Regel begegnet zuerst in dem Partheneion Alkmanns, und dann in den Strophen des attischen Dramas. Wir sind daher berechtigt, wo diese Uebereinstimmung mit allzu monotoner Regelmässigkeit auftritt, — Gedichte wie III 9, wo die Form des Wechselgesanges auch den

---

[31]) Natürlich hat Horaz zu diesen übergreifenden Gliedern, um sie tragfähiger zu gestalten, möglichst bedeutsame und für den Fortschritt der Gedanken nothwendige Worte und Satzglieder verwandt: aber nicht immer, vgl. III 20, 13 *arbiter pugnae posuisse nudo*
sub pede palmam
fertur, et leni recreare vento
sparsum odoratis umerum capillis

Satzbau bedingt, müssen natürlich aus dem Spiele bleiben, — dieselbe nicht aus künstlerischer Berechnung, sondern aus einer noch nicht zu völlig freier Beherrschung der Form gelangten Technik abzuleiten. Wesentlich dieser Unvollkommenheit hat es Horaz zu danken, dass man auf den Gedanken verfallen konnte, diejenigen Strophen, welche den ungehemmten natürlichen Fluss der Bilder und Empfindungen störend zu unterbrechen schienen, als späte Zuthaten von fremder Hand ausscheiden zu wollen, statt an ihnen die nicht rasch aus einem Gusse schaffende sondern in immer neuen Wendungen und Erweiterungen des ursprünglichen Gedankens schwer sich genügende Arbeitsweise des Dichters zu studiren. Es lässt sich nicht leugnen: Horaz ist auf diese Weise nicht selten sein eigener Interpolator geworden. Das lehrreichste Beispiel der Art giebt II 5 an die Hand. Man lese doch einmal im Zusammenhang: *nondum subacta ferre iugum valet cervice, nondum munia comparis aequare nec tauri ruentis in venerem tolerare pondus. circa virentis est animus tuae campos iuvencae, nunc fluviis gravem solantis aestum, nunc in udo ludere cum vitulis salicto praegestientis. — iam te sequetur: currit enim ferox aetas, et illi quos tibi dempserit apponet annos: iam proterva fronte petet Lalage maritum* eqs. Das ist Alles aus einheitlichem Gusse: die Phantasie nur von einem Bilde erfüllt, dem der δάμαλις σκιρτῶσα, welche aus der anakreontischen πῶλος Θρηκίη (fr. 75)[32]) umgebildet ist. Aber diese Einheitlichkeit wird durchbrochen durch das mitten eingeschaltete ganz heterogene Bild: *tolle cupidinem immitis uvae: iam tibi lividos distinguet autumnus racemos purpureo varius colore,* welches im Folgenden dann ohne alle Consequenzen bleibt. Hier hat Horaz, indem er diese Ausführung an das übergreifende *praegestientis* anfügte, einer sonst wohl unausbleiblichen Athetese vorgebeugt. Jedenfalls muss zugegeben werden, dass diese Strophe aus einer ganz anderen Anregung der Phantasie erwachsen ist, wie die vorhergehenden und unmittelbar folgenden: vielleicht gab den Anlass dazu die theokriteische Nebeneinanderstellung μόσχω γαυρο-

---

[32]) In kürzerer Fassung und engerem Anschluss an Anakreon: III 11, 9—12.

τέρα, ϕιαρωτέρα ὄμϕακος ὠμᾶς (XI 21). An anderen Stellen
dagegen bietet der Umstand, dass Strophe und Satz sich
völlig decken, eine äusserliche Handhabe für die Annahme
interpolirender Zusätze von fremder Hand. So ist II 1 die
vierte Strophe ursprünglich im engsten Anschluss an die zweite
gedacht: *periculosae plenum opus alcae tractas et incedis per
ignis suppositos cineri doloso, insigne maestis praesidium
reis et consulenti Pollio curiae.* Erst so nimmt die Anrede an
Asinius den ihr gebührenden Platz ein, und schreitet der Gedanke von dem ersten Hinblick auf das damals in Recitationen
bruchstückweise in das Publikum dringende grosse Geschichts-
werk der politischen Kämpfe der Gegenwart ungezwungen fort
zu dem Hinweis auf die oratorische Bedeutung Pollios, als des
gefeiertsten Vertheidigers vor Gericht und angesehensten Sprechers
in den Debatten des Senats; und nicht minder natürlich leitet
dann die Erwähnung seiner eigenen Kriegsthaten, das *cui laurus
aeternos honores Delmatico peperit triumpho* zurück zu dem
schliesslichen Verweilen bei den Glanzpunkten seiner historischen
Darstellung, den Gemälden der Schlachten von Pharsalus und
Thapsus. Dies ist zusammenhängend empfunden und ausgesprochen: aber verletzend hätte es doch sein müssen für den
Dichter der *sola Sophocleo carmina digna coturno,* welcher
wohl grade an diesen Treibhausfrüchten seiner Muse ein be-
sonderes Wohlgefallen haben mochte, wenn Horaz diese Seite
seines Schaffens übergangen hätte. Dieser Empfindung trägt das
eingeschaltete *paullum severae Musa tragoediae desit theatris:
mox ubi publicas res ordinaris, grande munus Cecropio repetes
coturno* Rechnung, wodurch dann freilich übel genug das *grande
munus* der tragischen Dichtung, welches Pollio später wieder
aufnehmen solle, unmittelbar zusammenstösst mit der rühmenden
Betonung des eigentlichen Berufes des Mannes, der sich für den
ersten Redner Roms halten durfte: '*Messalla, tu quid tibi li-
berum sit in domo tua videris: ego istum auditurus non sum
cui mutus videor*' (Seneca suas. 6, 27). Hätte Horaz nur wenigstens *repetet* geschrieben! so aber ist es nicht zu verwundern,
dass die Strophe moderner Athetese zum Opfer gefallen ist. Da

aber der in ihr ausgedrückte Gedanke füglich nicht fehlen darf; eine Umstellung aber nur wieder an einer anderen Stelle den Zusammenhang zerreissen würde, so haben wir hier eine nicht ganz gelungene Erweiterung eines von Hause aus knapper gefassten Gedankens anzuerkennen. Schlimmer noch steht es mit der Eingangsstrophe des θρῆνος auf Quinctilius (I 24): *quis desiderio sit pudor aut modus tam cari capitis? praecipe lugubris cantus Melpomene, cui liquidam pater vocem cum cithara dedit.* In den wahren und warm empfundenen Ausdruck des Gefühls fällt durch das Hereinziehen des von der Chorlyrik erborgten conventionellen Musenapparates etwas Unwahres, und gradezu frostig wirkt es, dass nach den ersten Worten dieser berechtigte Ausdruck des Schmerzes erst noch einer Art von Rechtfertigung und Entschuldigung zu bedürfen scheint. Aus ganz richtiger Empfindung wollte daher Peerlkamp nach Analogie des Properzischen *ergo sollicitae tu caussa pecunia vitaes!* (IV 7, 1) und *ergo tam doctae nobis periere tabellae!* (IV 23, 1) auch Horaz erst mit dem pathetischen *ergo Quinctilium perpetuus sopor urget!* beginnen lassen³³); die erste Strophe ist aber sicherlich kein fremdartiges Anhängsel. Vielmehr hat sich Horaz für unser Gefühl die Wirkung durch eben den Kunstgriff verdorben, durch welchen er dieselbe nachträglich noch hat steigern wollen: diese Klage um den geliebten Todten, der selbst ein Dichter gewesen, sollte ihre höhere Weihe dadurch erhalten, dass sie der Muse, in ähnlicher Weise, wie dies I 12 der Fall ist, in den Mund gelegt wird.

---

³³) Ebenso auch Ovid trist. III 2, 1 *ergo erat in fatis Scythiam quoque visere nostris* am. II 7, 1 *ergo sufficiam reus in nova crimina semper!* und Horaz selbst serm. II 5, 101: *ergo nunc Dama sodalis nusquamst!* und serm. II 6, 16 markirt *ergo ubi me in montes et in arcem ex urbe removi, quid prius illustrem satiris et musa pedestri?* den Beginn des eigentlichen sermo, dem das aus innerster Seele dringende Dankgebet an Mercur als Vorrede voraufgeschickt ist. Auch in der leidenschaftlich erregten Prosa des Caelius (ad fam. VIII 17): *ergo me potius in Hispania fuisse tum quam Formiis, cum tu profectus es ad Pompeium!* Das Pathos aller dieser Eingänge beruht darauf, dass der mit *ergo* einsetzende Ausdruck einer starken Empfindung als Abschluss einer nicht ausgesprochenen Vorstellungsreihe sich übermächtig seinen Prämissen vordrängt und diese nicht zu Wort kommen lässt.

Ein viertes Beispiel nachträglicher Einschiebung bietet I 16, wo der natürliche Fortschritt von der unbändigen Gewalt des aufbrausenden Jähzornes zu der Ausmalung seiner verheerenden Folgen unterbrochen wird durch das eingeschaltete *fertur Prometheus addere principi limo coactus particulam undique desectam et insani leonis vim stomacho apposuisse nostro*. Natürlich ist nicht mit Peerlkamp an Interpolation zu denken, so sehr auch der notizenhaft trockene Ton der Verse gegenüber dem Pathos ihrer unmittelbaren Umgebung befremdet: das verbietet doch wohl allein schon die auserlesene Gelehrsamkeit in der hier vorgetragenen Anschauung vom Ursprung der menschlichen Charakterzüge, die fast nur an den Vorstellungen, welche dem Semonideischen Frauenspiegel zu Grunde liegen, ein Analogon findet. Und wenn wir damit das noch räthselhaftere *nec satelles Orci callidum Promethea revexit auro captus* (II 18, 34; 13, 37) zusammenhalten, so möchte man fast annehmen, dass hier Reminiscenzen aus des Maecenas Prometheus (Seneca epp. 19) im Spiele sind. Derartige Reflexe aus Maecenas Schriften werden die Zeitgenossen gewiss noch manche haben wahrnehmen können: ahnen wir doch bloss, welch feine Beziehungen den Lesern von Maecenas Symposium *ubi Vergilius et Horatius interfuerunt, cum ex persona Messallae de vino loqueretur* (Serv. ad Aen. VIII 310) in dem Gedichte klar zu Tage liegen mochten, in welchem Horaz *Corvino iubente promere languidiora vina* die Eigenschaften des edlen Nasses preist, welches dem Geburtsjahr des Dichters entstammte: III. 21.

Wenn sich also auf diese Weise noch mancher begründete Anstoss, den die neuere lediglich von ästhetischen Gesichtspunkten aus operirende Kritik genommen hat, in die Anerkennung der Thatsache wird auflösen müssen, dass Horaz, wenn er in mindestens acht Jahren knapp neunzig Gedichte zu dem Grade von Vollendung förderte, welchen die Oeffentlichkeit erheischte, an manchen Oden lange und unter mannigfachem Stimmungswechsel herumgemodelt und gefeilt haben wird, so dass sich die Spuren so langsamen Entstehens nicht mehr völlig haben verwischen lassen, so ist nunmehr wohl die Frage berechtigt, in welchen Fällen wir denn eigentlich eine spätere Interpolation wirklich anzuerkennen haben. Viele werden geneigt sein, sich hier bei dem vorsichtigen Urtheil Haupt's zu beruhigen, der in seiner Ausgabe, mit welcher jetzt die Abhandlung 'über die Kritik der horazischen Gedichte' (Opusc. III 42—61) zusammenzuhalten ist, nur sieben Strophen, abgesehen von den Interpolationen in IV 8, dem Dichter abspricht: I 2, 9—12, 21—24; 6, 13—16; 12, 37—44 III 4, 69—72; 11, 17—20. Dass aber auch diese geringe Zahl noch wesentlich zu reduciren ist, macht mir genauere Prüfung der betreffenden Gedichte unzweifelhaft. Allerdings lässt sich die Echtheit der Mehrzahl dieser Strophen nur durch eingehende Darlegung des geschlossenen Zusammenhanges der Composition erweisen: indem ich mich diesem Nachweis unterziehe, mag es mir zum Schlusse gestattet sein, noch einige andere Gedichte, deren volles Verständniss mir ebenfalls noch nicht erreicht zu sein scheint, zu analysiren.

I 2.

Die Disposition ist durchaus einfach und von ungesuchter Symmetrie: sechs Eingangsstrophen (1—24) begründen das Pathos der angsterfüllten Frage: 'wer der Unsterblichen wird dem wankenden Reiche Rettung bringen?' die in horazischer Weise in dreifacher, sich auch in den Subjecten der kurzen Fragsätze *populus, virgines, Juppiter* steigernder Gliederung ausgeführt ist (25—30); sechs Schlussstrophen (30—52) bringen die Antwort, welche sich auf Octavian, der als Gott in Menschengestalt auf Erden weilt, zuspitzt. Der Eingang gliedert sich in drei scharf gesonderte Theile: die durch Prodigien auf das Höchste erregten Befürchtungen der Gegenwart (*iam satis*) sind gerechtfertigt durch die Heimsuchungen, welche in der Vergangenheit (*vidimus*) in ähnlicher Weise angekündigt, in ihren Nachwirkungen noch in Zukunft (*audiet*) sich werden fühlbar machen. Dass an dieser Stufenfolge von jetzt — vordem — in künftigen Tagen — die Aufmerksamkeit des Lesers haften soll, ist durch die an die Spitze gestellten determinirenden Worte *iam — vidimus — audiet* deutlich genug gemacht. Naturgemäss haben den Vortritt die

Bilder der gegenwärtigen Erregung: aber diese Erregung der Phantasie ist nicht unmittelbar durch die Vorgänge der Gegenwart hervorgerufen; die Schreckbilder, welche sie sich ausmalt, sind erst aus der Reflexion, welche auf der Vergangenheit fusst, erzeugt und vermögen ihren Ursprung nicht zu verleugnen, obgleich Horaz sichtlich bemüht gewesen ist, an Stelle einer logisch verknüpften Gedankenreihe eine Abfolge ganz selbständiger unvermittelt neben einander gestellter Bilder zu geben. Die Reflexion geht aus von der Thatsache: wir haben vordem die gewaltige Ueberschwemmung erlebt, in welcher der Tiber die Stadt zu vernichten drohte: sie war der Vorbote jammervollsten Bürgerkampfes. Dass damit die Ueberschwemmung nach Cäsars Ermordung (Porph. zu C. I 2, 1) bezeichnet wird, geht aus den Wendungen *Iliae dum se nimium querenti iactat ultorem* und *ire deiectum monumenta regis templaque Vestae* mit Evidenz hervor. Der Stromgott rächt Ilia, die ihm vermählte Tochter des Aeneas[34]) und als Schwester des Iulus Ahnfrau des Iulischen Hauses, und kehrt seinen Zorn zunächst gegen die Regia, Cäsars Amtswohnung als Pontifex maximus (Sueton. Caes. 46), sowie den dabei gelegenen Tempel der Vesta, welche ihren Oberpriester (Ovid. fast. III 699) so wenig zu schützen vermocht hat. Diesem Beginnen hat damals noch Juppiter gewehrt, aber das darauf folgende Unheil nicht abzuwenden vermocht: die Jugend, welche dem gegenwärtigen durch die Bürgerkriege nach Cäsars Tode decimirten Geschlecht geboren wird, wird einst mit Grausen den Erzählungen der Väter lauschen, wie sie die Waffen, die bereits gegen den Parther gezückt waren, gegen das eigene Fleisch und Blut kehrten: von dem zum Feldzug gegen die Parther in Macedonien und Thracien aufmarschirten Heer Cäsars hat der grösste Theil bei Philippi mitgekämpft[35]). Auf den

---

[34]) Den albanischen Königsschwindel kennt Horaz hier so wenig wie III 3, 32, sondern knüpft wie Naevius und Ennius die römische Gründungssage unmittelbar an Aeneas und die troische Einwanderung an: dies hat, soviel ich sehen kann, von allen Interpreten nur Düntzer richtig wahrgenommen.

[35]) Sechzehn Legionen und zehntausend Reiter nach Appian B. C. II 110. — An *cives acuisse ferrum* ist nicht der leiseste Anstoss zu nehmen: dass

Hintergrund dieser Betrachtungen gewinnen erst die Befürchtungen der Gegenwart Farbe und Leben. Jetzt kündet sich noch viel Unheilvolleres an: Juppiter, der damals dem Tiber wehrte, ist selber von Grimm erfüllt; im Gewittersturm, unter Hagel und Schnee, hat er sein eigenes höchstes Heiligthum mit dem Blitzstrahl versehrt: wenn jetzt neue Fluth hereinbräche, wird kein Gott sie hemmen, und sie auch nicht auf Rom beschränkt bleiben, eher droht vielmehr eine völlige Austilgung der sündhaften Menschheit und Erneuerung unseres Geschlechtes von Juppiter selbst, der durch diese Prodigien *terruit urbem, terruit gentes grave ne rediret saeculum Pyrrhae*. Dass eine solche Katastrophe einmal in Gestalt einer gewaltigen Fluth eintreten werde, ist seit dem fünften Jahrhundert vielfach geglaubt worden, von Pindar ($\tilde{\eta}$ γαῖαν κατακλύσαισα θήσεις ἀνδρῶν νέον ἐξ ἀρχᾶς γένος fr. 84) an: sie ist für Platons Entwicklung der menschlichen Cultur in den Gesetzen, wie für Polybius nach Panaetius gegebene πολιτειῶν ἀνακύκλωσις die Voraussetzung; wie sich die erste Kaiserzeit den *dies fatalis diluvii* vorstellte, zeigen die Ausführungen Senecas (*natur. quaestt.* III 27). So malt denn auch Horaz in grellsten Farben aus, wie Menschen und Dämonen der Tiefe und das Gethier in Wasser, Luft und auf der Erde, kurz Alles von solcher Sintflut erfasst wird. In dem Gemälde, welches er so entwirft, ist ja ein gewisses Herabsinken

'Bürger' nur gegen Bürger die Waffen kehren können, ist selbstverständlich. Mit ähnlicher Emphase braucht *cives* Tacitus (hist. II 38): *non discessere ab armis in Pharsalia ac Philippis civium legiones*, und sagt Cornelius Severus bei Seneca (suas. 6, 26) von Antonius: *canitiem sacrasque manus operumque ministras tantorum pedibus civis proiecta superbis proculcavit ovans;* auch Lucans *quis furor o cives? quae tanta licentia ferri?* (I 8) ist kaum verschieden. Jede Änderung verballhornisirt den Fortschritt von den Vorbereitungen zum Streit (*acuisse ferrum*) zu den Kämpfen selbst *pugnas*) und ihren verheerenden Folgen (*vitio parentum rara*). Derartige Fortschreitungen sind ächt horazisch: so malt gleich darauf in v. 38 *quem iuvat clamor galeaeque leves acer et Marsi peditis cruentum voltus in hostem* die einzelnen Momente des beginnenden Kampfs, den Schlachtruf von weitem, das Funkeln der blanken Helme und, wenn die Reihen näher aneinander gekommen sind, den Kampfesmuth in den Blicken der Streiter. Der *Marsus pedes* ist hier, wo der Phantasie des Dichters bereits der Wunsch *neu sinas Medos equitare inultos* vorschwebt, allein am Platz.

von den grossartigen mythischen Zügen der zweiten Strophe zu
mehr irdischem, wenn man will, spielendem Detail in der dritten
zuzugeben: wäre aber ein derartiges Vergreifen bei dem Dichter
von I 35, 25—28 oder II 13, 37—40 so unerhört? Könnte nicht
ein gewisses Herabstimmen geradezu beabsichtigt sein, um leichter
von dem Phantasiegemälde der mythischen Katastrophe zu dem
Bilde der erlebten Wirklichkeit überzuleiten? gerade der Umstand,
dass das Gemälde der deukalionischen Fluth ein nur durch Reflexion
erzeugtes, nicht durch eine Tiberüberschwemmung der Gegenwart
hervorgerufenes Schreckbild der Phantasie ist, scheint mir die
breitere, wenn auch nicht sehr geschickte Ausführung zu rechtfertigen: jede Reduction auf ein knapperes Maass wäre baare
Willkür. Aber dieses Schreckbild soll durchaus nicht unver-
rückt festgehalten werden, nur so lange als erforderlich ist die
tiefe Erregung des Dichters zu motiviren; dann verfliessen seine
Umrisse mit den Zügen der Fluth vom Jahre 710, um so überzuleiten zu der Erinnerung an Cäsars Ermordung und ihre die
Gegenwart überdauernden unheilvollen Folgen. So gilt denn der
Angstruf *quem vocet divum populus ruentis imperi rebus?* nicht
mehr dem Ausgangspunkt des *fatale diluvium*, sondern der
Schlussvorstellung von dem Fluch, den der Bürgerzwist über das
Reich gebracht: wer die Strophe *audiet civis acuisse ferrum —
rara iuventus* tilgt, reisst damit das nothwendige Schlussglied
dieser eng verbundenen Kette von Vorstellungen gewaltsam
heraus: die *res imperi ruentis* stehen dann unvermittelt in der
Luft. Und soweit hat sich die Phantasie von den Bildern, an die sie
im Anfang scheinbar anknüpft, entfernt, dass jetzt an Juppiter
selbst die Frage gerichtet werden kann: *cui dabit partes scelus
expiandi?* wen wird Juppiter die Schuld, welche durch das ver-
gossene Bürgerblut über uns gekommen, sühnen lassen? worin
diese Sühne bestehen soll, lehrt der Schluss von I 35 *o utinam nova
incude diffingas retusum in Massagetas Arabasque ferrum!*
lehrt der gleiche Wunsch, in dem unsere Ode ihren Abschluss
findet *neu sinas Medos equitare inultos te duce Caesar*: erst das
Blut der Feinde des Reiches vermag den Flecken, der an unseren Waffen haftet, zu tilgen. Dazu kann aber nur einer der

Himmlischen uns führen, sei es, dass einer der alten Schutz- und Stammgötter des Iulischen Hauses und des Reiches zu uns herniedersteige, Apollo[36]) oder Venus Erycina, die Mutter der Aeneaden und als Genetrix die Schutzgottheit Cäsars, oder Mars, der während der Bürgerkämpfe sein Antlitz von uns gekehrt hat, und erst wieder an einem rechtschaffenen Krieg gegen den Landesfeind, wenn die parthischen Reiterschwärme vor dem trotzigen Kampfesmuth des *robur Italum,* des marsischen Legionars auseinanderstieben, sein Wohlgefallen haben wird: oder dass vielmehr der Gott, der schon auf Erden in Jünglingsgestalt unter uns weilt, Mercurius[37]), der die Schuld bereits zur Hälfte als *Caesaris ultor* getilgt hat, nunmehr uns gegen die Parther führen möge. In wessen irdischer Gestalt der Gott hier auf Erden wandelt, hat von den Lesern des Dichters wohl jeder gleich er-

---

[36]) Apollo hier nicht sowohl als ἀλεξίκακος, wozu weder *augur* noch das Bild seiner Erscheinung recht stimmen will, sondern wohl eher als Gott des Iulischen Hauses — identificirte man doch den Vediovis, welchem die Iulischen Gentilen *lege albana* opferten (CIL I 807), schlechthin mit Apollo (Gell. V 12), und den ersten und bis auf August einzigen Tempel Apolls hat Cn. Iulius cos. 323 geweiht (Liv. IV 29) — der mit August so sichtbar in der Schlacht bei Aktium gewesen (Prop. V 6). An die von Sueton (Aug. 70 u. 94) erzählte Neigung Octavians für Apoll auf Erden zu gelten zu denken schliesst die folgende Identificirung mit Mercurius aus.

[37]) Nicht als griechischer Hermes, trotz des *ales in terris,* wird Caesar angerufen, sondern als der italische Gott des Verkehrs, als Bringer des für das Gedeihen von Handel und Wandel und für jegliches Wohlbefinden der Menschheit unentbehrlichen inneren Friedens. Das ist nicht leere poetische Fiction: vielmehr hat die Erweisung göttlicher Ehren an Caesar, welche auch auf italischem Boden in den Kreisen des niederen Volkes früh Wurzel gefasst hat, gerade an diese Identificirung zunächst angeknüpft. Das zeigen am deutlichsten die Verhältnisse in Pompeji, wo die alte Cultusgenossenschaft der *ministri Mercurii Maiae* (IRN 2258 vom Jahre 740) sich zunächst zu der der *ministri Augusti Mercurii Maiae* (IRN 2260) erweitert, um schliesslich — spätestens seit 752 — in die *ministri Augusti* (IRN 2261) aufzugehen. Andere Belege bei Bücheler coniect. p. 19. Natürlich ist in diesem Götterverein Maia nicht die kleine Atlantide der griechischen Hermessage, sondern die italische Göttin des Wachsens und Gedeihens, welcher *in multis civitatibus latinis sacrificia fiebant* (Fest. p. 134) und der Maimonat geweiht war. Davon klingt noch etwas in dem horazischen Anruf *almae filius Maiae* durch.

rathen: so bleibt die Nennung des Namens bis zum allerletzten Augenblicke aufgespart: mit *te duce Caesar* schliesst effectvoll die Ode.

Wann ist dieselbe aber verfasst? aus den Eingangsworten folgt, da die Ueberschwemmung lediglich in der Phantasie des Dichters existirt, nur so viel mit Sicherheit, dass der Anlass zur Dichtung in Erscheinungen des Winters gegeben war. Gewitter sind ja in Rom im Winter nicht unerhört: damit haben wir die Jahreszeit. Sodann: wenn sich die ganze Entwickelung der Gedankenreihe auf die Aufforderung an Mercurius-Caesar zuspitzt: 'Bleibe hier in unserer Mitte und vollende die Sühnung der Blutschuld, welche auf dem Volke des Quirinus lastet: führe uns selbst zu einem den Göttern wohlgefälligen Rachekrieg gegen die Parther!' so ist diese Aufforderung für jeden, der sich die factische wie staatsrechtliche Stellung von Octavian und Antonius klar macht, ein einfacher Nonsens, so lange die Politik und die Geschicke des Ostens von Alexandria und nicht von Rom aus bestimmt wurden. Sie setzt also nothwendiger Weise die thatsächliche Auflösung des Duumvirats durch den aktischen Krieg voraus. Und wenn an Mercurius die verheissungsvolle Bitte gerichtet wird *hic magnos potius triumphos ames,* so thut diese Verheissung künftiger parthischer Triumphe ihre rechte Wirkung doch nur dann, wenn sie in der Thatsache vorausgegangener irdischer Triumphe die Bürgschaft ihrer Erfüllung besitzt. Diese Erwägungen weisen uns auf einen Zeitpunkt nach den drei grossen Triumphen des Jahres 725. Im Herbst 727 ward die Unterwerfung des Westens in Angriff genommen: August begab sich nach Spanien, und von da ab treten die *Cantabri sera domiti catena* in der zeitgenössischen Dichtung in den Vordergrund: der Wunsch nach Revanche für Carrhae tritt zurück. Wir werden somit für die Abfassungszeit der Ode entweder an den Winter 725 auf 726, oder an denjenigen von 726 auf 727 zu denken haben. Sollte wirklich bereits ein halbes Jahr nach der Siegesfreude des Sextilis 725 eine so gedrückte Stimmung die Gemüther erfasst haben, dass sie in der Anrufung himmlischer Intervention für die *res imperi ruentis* die einzige Rettung gesehen hätten? das ist doch schwer glaublich, und dafür bietet auch die Geschichte dieser beiden Jahre nicht den leisesten Anhalt. Anders steht es mit dem darauf folgenden Winter. Das Jahr 726[38]) erfüllen die Verhandlungen, welche der definitiven Constituirung des Principats und der Ueberleitung des Regiments in die Bahn verfassungsmässiger Zustände voraufgehen. Wohl lag da Dunkel über der Zukunft des römischen Staates, namentlich seitdem Octavian in der ersten Woche des Jahres 727 erklärt hatte, die Gewalt völlig niederlegen zu wollen (Cass. Dio LIII 3—10). War diese Drohung mit seinem Rücktritt auch nur ein geschicktes Pressionsmittel, um zu einem befriedigenden Abschluss zu gelangen: die gedrückte Stimmung, welche diese Vorgänge im Volke hervorriefen oder hervorrufen sollten, als ob mit dem Rücktritt Octavians der ganze alte Jammer der Zwietracht und der Parteikämpfe im Innern wieder hereinbrechen müsse, findet in unserer Ode einen vollgültigen Ausdruck. In diesen Vorgängen, welche der Acte vom 13. Januar, durch welche *reddita est omnis populo provincia nostro* (Ovid. fast. I 589), und der feierlichen Sanction der verfassungsmässigen Stellung des Princeps als Augustus am 16. Januar unmittelbar voraufgehen, wurzelt der Wunsch des Dichters *serus in caelum redeas diuque laetus intersis populo Quirini neve te nostris vitiis iniquum ocior aura tollat,* und gewiss konnte kein Gedicht passender als Quasiwidmung der Sammlung an den Princeps an die Spitze treten, als dieses, welches mit so lebendigen Farben an die Geburtsstunde des Principats erinnert[39]).

---

[38]) *In consulatu sexto et septimo* (726. 727) *postquam bella civilia exstinxeram per consensum universorum potitus rerum omnium rempublicam ex mea potestate in senatus populique Romani arbitrium transtuli* sagt August selbst: Monum. Ancyr. VI 13.

[39]) Die im Vorstehenden begründete Datirung ist nicht neu; sie ist schon von Sanadon und Grotefend vorgetragen worden: nur muss jede Bezugnahme auf eine der von den Historikern überlieferten Tiberüberschwemmungen aus dem Spiele bleiben, und ebensowenig darf das emphatische Schlusswort *te duce Caesar* dazu missbraucht werden, als Beleg für die Abfassung vor dem 16. Januar 727 gelten zu sollen. Allerdings ist dieser *terminus ante quem* richtig: aber nicht deshalb, weil Octavian sonst als *Augustus* hätte angeredet sein müssen — erst ganz allmälig hat sich *Augustus* als feststehende

I 6.

Ungemein überlegt ist diese Ode um der Doppeltheit ihres Motivs willen sowohl im Aufbau der ganzen Composition wie in den Einzelheiten des Ausdrucks. Will doch Horaz in gleicher Weise die durch Agrippa an ihn gelangte Aufforderung[40]), die Zeit von Philippi bis Aktium in epischer Dichtung darzustellen, in schmeichelhaftester Form ohne zu verletzen zurückweisen, sowie Varius, dem er in aufrichtigster Dankbarkeit sich verbunden fühlte, ein Ehrendenkmal errichten und das Publicum auf das von diesem zu erwartende Gedicht vorbereiten. Indem er dem eigenen Unvermögen die Dichtergrösse des Varius gegenüberstellt, schmeichelt er so zugleich auf die feinste Weise demjenigen Manne, dessen Thaten nur eines solchen Sängers würdig seien, und hat es um so weniger nöthig, diese Thaten selbst direct zu preisen. Das Licht, welches sich auf den Sänger derselben ergiesst, wird von diesem auf seinen Helden zurückgeworfen: darum zielt Alles darauf ab, den ersteren in glänzendster Be-

---

Benennung eingebürgert — sondern weil nach der als glückverheissend gedeuteten Überschwemmung des 17. Januar (Cass. Dio LIII 20) der Eingang gewiss andere Form erhalten haben würde.

[40]) Dass eine derartige Aufforderung in der That an Horaz ergangen ist, geht aus den Worten *pudor et ... Musa vetat laudes egregii Caesaris et tuas culpa deterere ingeni* unzweideutig hervor: das ist nicht blosser Ausdruck des Unvermögens, sondern directe Ablehnung einer von aussen an ihn herangetretenen, nicht aus eigenem Antriebe oder von der Muse gewählten Aufgabe. Der Gedanke, die grossen Ereignisse der Zeitgeschichte episch darzustellen, ist fast allen Dichtern dieses Kreises, der durch Maecenas enger mit dem Princeps verknüpft war, einmal nahe gelegt worden. So denkt vor Varius Virgil 725 zunächst daran die Thaten Augusts zu besingen (*mox tamen ardentis accingar dicere pugnas Caesaris.* Georg. III 46), und als sich dieser Gedanke zum Plan der Aeneis verschiebt, so wird dieselbe Idee von Maecenas in der ersten Freude über das neu aufgehende Gestirn des umbrischen Kallimachus diesem ans Herz gelegt (Prop. II 1), und von demselben erwogen (III 10), um schliesslich zu dem Versuch des antiquarischen Elegienkranzes zu führen, der uns im fünften Buch vorliegt. Ob nun gerade des Varius Panegyricus Augusti dem entsprochen hat, was man in diesen Kreisen wünschte, ist wohl fraglich: erst die jüngere Generation, wie Cornelius Severus und vor allem Rabirius, befriedigte die loyalen Gemüther wie Velleius.

leuchtung dem Leser vorzuführen. Durch das grell aufgetragene *Maeonii carminis aliti* erhält erst das gesucht schlichte *scriberis fortis et hostium victor* sein ihm zugedachtes Licht. So wird Varius durch diese summarische Charakteristik als *alter Homerus* mit einem Schlage zu der Höhe emporgehoben, auf welcher der Darsteller solcher Thaten stehen muss. Jetzt darf ohne zu verletzen die Ablehnung in eigenem Namen folgen: aber die simpel abweisende Wendung 'ich vermag deine Thaten nicht zu besingen' erweitert sich wie von selbst zu einem anspruchsvolleren 'ich versuche weder deine Thaten, noch eine Ilias oder Odyssee zu singen', und dem Hinweis auf die homerischen Epen schliesst sich scheinbar ohne Veranlassung mit *nec saevam Pelopis domum* in gleicher Abbreviatur die Anspielung auf des Varius berühmteste Tragödie, den Thyestes[41]) an. Und wenn am Beginn der dritten Strophe diese Gedanken noch einmal zusammengefasst werden zu dem *conamur, tenues grandia*, so durfte der Leser nunmehr aus *tenues* neben dem Unvermögen so gewaltigem Stoffe gegenüber und dem darin liegenden Compliment für Agrippa, ebenso das feine Zurücktreten vor dem älteren und auf den beiden Gebieten der epischen wie tragischen Poesie erfolgreichen Freunde heraushören. Natürlich ist des lyrischen Dichters Fähigkeit auch dem Stoffe nicht gewachsen: handelt es sich doch nicht allein um Agrippas, sondern auch um Caesars Thaten; mit der Hinweisung darauf kehrt der Gedanke zu dem Ausgangspunkt, den grossen Thaten der Gegenwart zurück.

Hiermit hätte das Gedicht vielleicht abgeschlossen werden können: oder vielmehr doch nicht. Denn der Leser hat zwar erfahren was Horaz nicht zu leisten vermag, nicht aber was er vermag. Hier setzt nun diejenige Strophe ein, welche von der neueren Kritik wohl am einmüthigsten ist verdammt worden: *Quis Martem tunica tectum adamantina digne scripserit aut pulvere troico nigrum Merionen aut ope Palladis Tydiden su-*

---

[41]) Dass Varius den Thyestes nicht bloss *post actiacam victoriam Augusti ludis eius in scena edidit, pro qua fabula sestertium deciens accepit*, wie es in der erhaltenen Didaskalie heisst, sondern das Stück mit absichtlicher Symbolik hierfür gedichtet hat, scheint mir kaum abweisbar.

peris parem? Ihr Sinn ist nach Peerlkamp, welchem Haupt (Opusc. III 50) sich durchaus anschliesst: *quis digne scripserit Martem Merionem et Diomedem, quos scripsit Homerus? quis Homero par esse posset? nemo* — also auch nicht Varius. Gewiss: so verstanden ergiebt sich ein unerträglicher Widerspruch mit der deutlich ausgesprochenen Absicht des Gedichts Varius zu ehren und mit dem Eingang desselben, in welchem dieser als *Maeonii carminis ales* gepriesen ward. Vielleicht lassen sich aber die so hart angefochtenen Worte doch noch einigermassen rechtfertigen: denn Peerlkamp gelangt zu diesem Sinn doch nur dadurch, dass er die Strophe aus der engen Beziehung und Verflechtung des Gedankens mit dem Voraufgegangenen losgelöst für sich nimmt. Isolirt mögen die Verse diesen Sinn haben: aber der Interpret hat nicht das Recht, aus dem lebendigen Körper des Liedes ein Glied herauszuschneiden, alle die feinen Bindeglieder, durch welche es mit dem Ganzen verwoben ist, auszulösen, und sich dann noch zu wundern, dass er statt eines lebendigen Gliedes ein todtes Präparat in der Hand hält. Solche bei den modernen Exegeten sehr beliebte Operationen — selbst Meineke verübt sie gelegentlich im Horaz — postuliren als bereits erwiesen, was erst zu erweisen war. In dem Zusammenhang des Ganzen aber, unmittelbar angeschlossen an das Bekenntniss der eigenen *vires tenues,* heischt die Frage *quis Martem tunica tectum adamantina digne scripserit?* von jedem aufmerksamen Leser, dem das *scriberis Vario Maeonii carminis aliti* noch nachklingt, die eine Antwort: *non ego sed alter Homerus,* also nur Varius[43]). Aber auch der Inhalt der Frage wird falsch von Peerlkamp umschrieben: *quis Homero par*

---

[43]) Auch mit Büchelers Auffassung (*Coniect. p. 18*), der betont, dass die einzige richtige Antwort auf die Frage des Dichters sei: *nemo, ne Homerus quidem,* und darin einen Nachklang solcher ästhetischer Urtheile findet, wie z. B. beim Verfasser von περὶ ὕψους, welcher (9, 7) an der ἀριστεία Διομήδους allerhand auszusetzen hat, kann ich nicht übereinstimmen. Also wäre die Feder überhaupt nicht im Stande diesen Thaten gerecht zu werden: gewiss der stärkste Ausdruck zum Preise Agrippas — aber wo bleibt Varius? bei Büchelers Erklärung muss man die Strophe nothwendig tilgen.

esse posset steht gar nicht in Frage: die wäre auch schon im Eingange im voraus beantwortet; es handelt sich nicht darum, wer eine *Ilias post Homerum* schreiben, sondern wer die Kämpfe der Gegenwart schildern könne. Die von Horaz ausgehobenen, der Aristeia des Diomedes entlehnten, Züge sollen ja doch nicht wörtlich verstanden werden, nicht lediglich den Inhalt der Iliade wiedergeben — dann wären sie selbst für einen Fälscher recht ungeschickt gegriffen —, sondern in Symbolen die Aufgabe des historischen Epos, welches verlangt wird beschreiben: das wilde Kampfgetümmel des Mars, die *duces non indecoro pulvere sordidos*, die unüberwindliche Heldenkraft; sie sollen die Ilias nicht bezeichnen, sondern nur an sie erinnern. Darum tritt der *Mars tunica tectus adamantina*, der doch im homerischen Epos nicht gerade eine Hauptrolle spielt, hier zur symbolischen Bezeichnung der Kriegsthaten überhaupt an die Spitze, und wenn auch für die weitere Symbolisirung mit Meriones und Diomedes der bestimmende Grund für grade diese Auswahl uns nicht mehr erkennbar ist, so ist doch wohl das Betonen des göttlichen Beistandes (*ope Palladis*) und die Hervorhebung desjenigen Helden, der mit den Göttern selbst erfolgreich sich im Kampf gemessen hat, gewiss nicht ohne Bezug auf den Sieger von Aktium. 'Deine und Cäsars Heldenthaten vermag nur ein Homer würdig darzustellen', dies ist der unausgesprochene Gedanke, der aus den Hüllen des symbolischen Ausdrucks gerade deutlich genug hervorleuchtet, um erkennen zu lassen, mit welcher Feinheit Horaz hier eine Wendung des *alter Homerus* Ennius sich soweit angeeignet hat, dass der gebildete Leser noch den Reiz einer kunstvoll verhüllten Reminiscenz empfinden konnte. Aelian nämlich — bei Suidas *s. v.* Ἔννιος — berichtet von Ennius Σκιπίωνα γὰρ ᾄδων καὶ ἐπὶ μέγα ἐξᾶραι τὸν ἄνδρα βουλόμενός φησι μόνον ἂν Ὅμηρον ἐπαξίους ἐπαίνους εἰπεῖν Σκιπίωνος. Und jetzt schliesst in stark aufgetragenem Contrast zu den blutigen Kämpfen der Helden, der Hinweis auf diejenigen Stoffe das Ganze ab, in denen Horaz seine Aufgabe und Befriedigung findet, die *proelia virginum* mit ihren harmlosen Waffen im Scheinkampf gegen den Liebsten. Wer die vierte Strophe tilgt, beseitigt nicht nur diesen doch sichtlich beabsichtigten Effect: er lässt auch Horaz von v. 5 ab lediglich von sich, von seinem Nichtkönnen und Können reden, und zerstört dadurch das kunstvolle Fugato, in welchem die beiden Themen, Agrippas Thaten und Varius Können, mit ihrer Umkehrung, dem eigenen Unvermögen, zusammencomponirt sind.

I 12.

Es handelt sich hier darum, ob die Verse, in welchen der Helden der römischen Vorzeit gedacht wird, v 37—44, zu dem ursprünglichen Bestande des Gedichtes gehören: auch hier muss sich die Entscheidung aus der Betrachtung des Aufbaus der Composition ergeben.

'Wen zu feiern willst du, Clio, jetzt in die Saiten greifen oder lieber die Flöte ansetzen? welchen Mann oder Halbgott oder Gott?' Dass dieser scheinbar improvisirende Anfang dem Eingang des pindarischen Epinikion für Theron (Olymp. II) nachgebildet ist, begnügen sich seit Porphyrio die Erklärer anzumerken. Und doch ist die pindarische Dichtung auch auf die Conception des Ganzen von Einfluss gewesen. Pindar feiert den Herrscher von Akragas, dessen Hause Zeus εὔφρων ἄρουραν ἔτι πατρίαν σφίσιν κόμισον λοιπῷ γένει. Denn die Geschicke des Geschlechts der Emmeniden, welches durch seinen Ahnen Thersandros aus des Laios Stamm mit den Töchtern des Kadmos Semele und Ino verknüpft ist, verwirklichen den Satz πένθος δ' ἐπίτνει βαρὺ κρεσσόνων πρὸς ἀγαθῶν. Und so begleitet der Dichter in der ersten Hälfte seines Liedes das Werden dieses Hauses von Kadmos an in seinem Auf und Ab von Leid und Glück, von Schuld und Sühne bis zu dem glanzvollen Träger der Gegenwart.

Aehnlich bahnt sich Horaz den Weg zur Feier Augusts. Aber wenn für Pindar die Trichotomie der Frage des Eingangs ἀναξιφόρμιγγες ὕμνοι, τίνα θεόν, τίν' ἥρωα, τίνα δ' ἄνδρα κελαδήσομεν; mehr eine rein logische ist, und durch die sich unmittelbar anknüpfende Antwort ἤτοι Πίσα μὲν Διός· Ὀλυμπιάδα δ' ἔστασεν Ἡρακλῆς ἀκρόθινα πολέμου· Θήρωνα δὲ τετραορίας ἕνεκα *νικαφόρον γεγωνητέον* sofort erledigt wird, nimmt Horaz sie ernster und baut auf ihr das Gerüst seines Liedes auf: ehe es im Gebet für das Regiment Augusts seine Spitze und Krönung findet, muss es nicht nur der Menschen, sondern auch der Götter und Heroen wirklich gedacht haben. Um diese breitere Ausführung zu tragen, wird von Horaz, was bei Pindar als flüchtig angeschlagenes Eingangsmotiv rasch verklingt, durch die Erinnerung an die Macht des orphischen Gesanges erweitert[43]). Dann kommen die Götter zu ihrem Rechte, welche im Himmel walten: *ἐκ Διὸς ἀρχώμεσθα;* neben Juppiter dem Allmächtigen soll Pallas zunächst ihren Preis im Liede finden, sollen Liber sowie Artemis und Apollo nicht vergessen werden. Das sind nicht die Götter des römischen Volkes — sonst würden Venus die Stammmutter der Aeneaden und Vater Mars kaum fehlen. Und wie kommt Liber hier mitten unter die angestammten Olympier, er den doch Horaz sonst (III 3, 13 IV 8, 34 Epp. II 1, 5) stets als hervorstechendes Exempel dafür, dass auch Menschgeborene durch ihre irdischen Thaten die Aufnahme in den Kreis der Götter erringen können, neben Herakles und den Dioskuren anzuführen pflegt? Diesen Götterverein führt also ein Anderes zusammen: es ist zuerst von Reifferscheid (Anall. Horatiana p. 7) darauf aufmerksam gemacht worden, dass hier diejenigen Himmlischen genannt werden, welche im Kampf gegen die Giganten in erster Reihe stehen.

---

[43]) Dass diese Erweiterung nicht sehr gelungen ist, muss unbedenklich zugegeben werden: die Gliederung *aut in umbrosis Heliconis oris aut super Pindo gelidove in Haemo* dient sichtlich nur dem einen Zweck, an das letzte Local die Schilderung von Orpheus Sangeskunst anknüpfen zu können, verlangt somit auch die in der dritten Strophe gegebene breitere Ausführung. Dass diese letztere selbst aber verworren wäre, kann ich nicht zugeben. Die für den Dichter geforderte Einheit der Anschauung liegt nicht in dem Zusammenstimmen von *insecutae silvae* und *ducere quercus*, sondern darin, dass die beiden entgegengesetzten Prädicate *arte materna rapidos morantem fluminum lapsus celeresque ventos* und *blandum et auritas fidibus canoris ducere quercus* zusammen das Bild der die unvereinbarsten Dingen bezwingenden Allmacht der Musik ergeben: dieses für sich selbstständige Bild ist erst durch die rein thatsächliche Bemerkung *unde — insecutae Orphea silvae* an die Erwähnung des Haemus angeknüpft.

Darum steht neben dem allmächtigen Juppiter allen übrigen voran Athene Nikephoros, die Promachos *proeliis audax* im Kampfe gegen die *bicorpores filii Terras*, und reiht sich ihr unmittelbar an derjenige Gott, welcher sonst *non sat idoneus pugnae* in dem Gigantenkampf sich den gebührenden Platz erstritten hat, Liber (II 19, 21 fg.); für die übrigen Olympier, welche doch nicht alle hier einzeln aufgeführt werden konnten, tritt der Schutzgott Augusts bei Aktium Apoll und die von diesem unzertrennliche Schwester ein. Mit welcher Vorliebe dieser Kampf olympischer Göttlichkeit gegen die wüsten dem Schosse der Erde entstiegenen Unholde von der bildenden Kunst wie von der Dichtung gerade der alexandrinischen Zeit ist symbolisch verwandt und ausgedeutet worden, bedarf jetzt, wo die Pergamenischen Altarsculpturen zu uns reden, keiner Ausführung: wie geläufig auch Horaz dieses Symbol[44]) ist, bezeugt vor allem der durchsichtige Parallelismus, mit welchem in III 4 dem Sieger Caesar, welchen nach den Mühsalen des Cantabrischen Krieges die Musen erquicken und sänftigen, Juppiter gegenübergestellt ist, der die Titanen und Giganten zu Boden geschmettert hat. Mit Absicht fehlt aber in den Worten des Dichters jeder Hinweis auf die Gigantomachie: denn nur in seiner eigenen Phantasie ist die Auswahl der einzelnen Gestalten durch dieses Band bedingt, vor den Augen des Lesers soll vielmehr Figur auf Figur einzeln auftauchen und von der folgenden abgelöst werden, bis auf die Gruppe des Schlussbildes: Juppiter im Himmel und Augustus auf Erden[45]). Eine unmittelbare Erwähnung der Giganten würde

---

44) Plastischen Ausdruck hat dieselbe Symbolik auf dem 732 vollendeten Giebelfeld des Juppiter tonans gefunden, wenn die Combination Starks (Gigantomachie auf antiken Reliefs und der Tempel des Juppiter Tonans, 1869) gegründet ist, welcher hierauf Claudians *infra tecta Tonantis Tarpeia pendentes rupe gigantas* (in sext. cons. Honorii praef. 11) bezogen hat.

45) Allerdings steht damit der enge Anschluss in v 19 *proximos illi tamen occupavit Pallas honores* nicht in Einklang; aber diese *proximi honores* lassen sich doch in dem Zusammenhang von *quid prius dicam* 13, *neque te silebo* 21, *dicam et Alciden* 25, *Romulum post hos prius ... memorem* 33, *insigni referam camena* 38 füglich nicht auf etwas anderes als auf die nächste Ehrenstelle im Liede beziehen. Daraus folgt, dass des alten Rob. Stephanus und

Horaz genöthigt haben, die Einzelfiguren, wie es in III 4 geschieht, zu einem grossen Kampfbilde zu gruppiren.

Es folgen die Heroen: erst Herkules, dann die Dioskuren. Nach dem raschen Vorüber folgt längeres Verweilen und Ausruhen des Auges auf der malerischen Schilderung ihrer Macht über die empörten Wellen. Und nun hebt mit neuem Ansatz, den die wiederholte Frage, von wem der Dichter zuerst singen solle, kenntlich macht, die Reihe der Menschen an: natürlich aus der Zahl der Vorfahren. Nicht die äusseren Einschnitte in die Entwickelung des römischen Staates, Anfang und Ende der Königsherrschaft, Begründung und Ende der Republik sollen die Namen des Romulus und Numa, Tarquinius und Cato bezeichnen: dann müsste freilich die Reihe mit dem letzteren schliessen. Vielmehr lehrt die Analogie des pindarischen Gedichtes, dass diese Namen nicht bloss kahle chronologische Marksteine, sondern die Träger von Schuld und Vergeltung sein sollen. Auch die Geschicke des römischen Volkes erfüllen sich in unaufhörlicher Verkettung von Frevel und Sühne, in unablässigem Ringen mit dem Verhängniss hindurch bis zu der endlichen Aussicht auf ein dauerndes Glück in der Gegenwart. Vom Brudermord des Romulus und dem *quietum Pompili regnum* ab, über die *superbi Tarquini fasces* hin bis zur Gegenwart, in welcher der *atrox animus Catonis* den Tod wählte, haben die Gemeinde durch alle Gefahren hindurch der Opfermuth der Besten und die strenge Zucht römischer Armuth bis zu dem Augenblick geführt, wo jetzt das adlige Haus der Iulier sich mit dem aufstrebenden Geschlecht der plebeischen Marceller zu glückverheissenden Bunde eint. Nicht die Glanzpunkte römischer Geschichte streift die Aufzählung des Dichters — schwerlich fehlten dann die Scipionen oder Marius — sondern es will erinnern an die leuchtenden Vorbilder derjenigen Tugenden, welche dem entarteten Geschlecht der Gegenwart am meisten

---

Heinsius Vorschlag *occupabit* zu schreiben das Richtige trifft. Auch in der neunten Strophe *Romulum ... an quietum Pompili regnum memorem, an superbos Tarquini fasces dubito, an Catonis nobile letum* sind die Einzelnen gesondert, nicht paarweise zusammengegliedert: *an* vor *superbos* ist daher nicht zu tilgen.

gebrechen, der Vaterlandsliebe bis zum Tode und der Einfachheit der Sitte. Darum hebt das dankbar feiernde Lied in je drei Namen, zuerst neben den classischen Beispielen des Regulus und Paullus den Aemilius Scaurus hervor, welcher durch seine Strenge den eigenen Sohn in den Tod trieb[46]), sodann die typischen *exempla continentiae,* Fabricius, Curius und Camillus. Dass diese Namen die stereotypen Figuren der Rhetorik[47]) sind, beweist doch nicht, dass wir es mit fremdartiger Zuthat der Rhetorenschule zu thun haben, sondern lediglich, dass Horaz in ihrer Auswahl nicht seine eigenen Wege ging, vielmehr diejenigen Namen verwandte, welche jedem auf der Zunge liegen mussten. Den Übergang von einer Gruppe zur anderen vermittelt *Fabriciumque,* welches syntaktisch zur ersten, dem Sinn nach bereits zur zweiten Gruppe gehört[48]).

---

[46]) Nach dem unglücklichen Gefecht gegen die Cimbern bei der Etschkluse (Val. Max. V 8, 4; Aur. Vict. de vir. ill. 72); daher der Plural, worauf Bücheler (Rhein. Mus. 27, 495) schon vor Jahren aufmerksam gemacht hat. Es wäre Zeit, dass das alberne Geschwätz von dem *princeps senatus* endlich einmal in unseren Trivialcommentaren verstummte. Ein interpolirender Rhetor würde übrigens sicher nicht unterlassen haben, hier die Decier anzubringen.

[47]) So schon bei Cicero: *ex hoc genere* — nämlich *hoc robore animi atque hac indole virtutis et continentiae* — *illos Fabricios fuisse arbitror, Camillos, Curios omnesque eos qui haec ex minimis tanta fecerunt.* (pro Caelio 17, 39). Camillus und Curius stellt auch in gleicher Betrachtungsweise Lucan zusammen: *(rura) quondam duro sulcata Camilli vomere et antiquos Curiorum passa ligones* (I 168). Dass Camillus als Beispiel der Einfachheit erscheint, mag nicht sowohl auf verschollener Tradition beruhen, als aus dem Eindruck seiner Statue auf den Rostren (*togata sine tunica* Ascon. in Scaur. p. 25, und aus derselben Quelle Plin. XXXIV 23) gefolgert sein. Denn an die Reiterstatue des L. Furius Camillus cos. 416 (Liv. VIII 13) ist nach dem Zusammenhange bei Asconius — wegen dieses Präcedenzfalles erschien Cato als Prätor offiziell *sine tunica campestri sub toga cinctus* — nicht zu denken.

[48]) Das fühlte auch Quintilian, wenn er unter Beispielen von σχήματα λέξεως welche durch adiectio entstünden (IX 3, 18), anführt *Fabriciumque hunc et intonsis Curium capillis.* Denn er verband *Fabriciumque* mit dem folgenden *utilem bello tulit,* und musste daher *hunc,* ebenso wie *nam* in dem unmittelbar vorher angeführten Virgilverse *nam neque Parnasi vobis iuga, nam neque Pindi,* für eine adiectio *quae videri potest supervacua, sed non sine gratia est* ansehen. Dass ein derartiges Verkennen der grammatischen Structur leichter

Auf diese Weise sind die beiden Strophen v 37—44 unlöslich mit einander verknüpft; es geht nicht an, bloss eine derselben zu tilgen, wie Lehrs wollte, und wer beide ausschneidet, der schneidet das Bild aus, um den umschliessenden Rahmen allein zurückzubehalten.

Bis hierher hat das Lied des Dichters nur angegeben, wen es Alles feiern wolle: erst jetzt folgen diejenigen, welche es wirklich feiert. So wird denn jetzt auch der Ausdruck bewegter: in energischer Voranstellung treten die bedeutungsvollen Prädicate *crescit — micat* an die Spitze der beiden in strengem Parallelismus in zwei Vergleichungen auslaufenden Sätze. Der Ruhm des Marcellerstammes wächst einer grossen im Dunkel der Zeiten verborgenen Zukunft entgegen, Alle überstrahlt bereits der Glanz des Iulischen Gestirns[49]): diese Nebeneinanderstellung ist natürlich nicht beziehungslos. Sie zu erklären ist die einfache That-

---

mit unterlaufen konnte, wenn der Citirende mechanisch die Belegstelle in der vorliegenden Rolle rasch mit dem Auge aufstach, als wenn er sie aus dem Gedächtniss sich recapitulirte, wird man zugeben müssen. Dann darf man aber auch nicht so leichtfertig die vom ältesten Gewährsmann gebotene Variante *intonsis* für *incomptis* unter den Tisch werfen. Die *incompti capilli* sind so wenig charakteristisch wie möglich, denn an einem Curius ist weder weibliche Frisur noch sind *compti crines adulteri* denkbar: um so anschaulicher ist *intonsis* (*olim tonsores non fuisse adsignificant antiquorum statuae quod pleraeque habent capillum et barbam magnam.* Varro R. R. II 11), womit Curius als einer der *avi intonsi* (Tibull. II 1, 34; Ovid. fast. II 30; *intonsi Catonis* Horat. C. II 15, 11) bezeichnet wird. Dass bereits Servius (ad Aen. XII 100) *incomptis* las ist keine Gegeninstanz: vielmehr zeigt seine Erklärung, es sei *ad laudem positum* im Gegensatz zu einer *coma calamistrata*, wie thöricht eigentlich die Vulgata ist.

49) Schon um dieses deutlichen Parallelismus willen, fordert *Iulium sidus*, was weder Iulius Caesar noch den Kometen nach seinem Tode, sondern lediglich das Iulische Geschlecht bezeichnet, eine entsprechende verallgemeinernde Bezeichnung, wie sie der Plural *Marcellis* bietet. Der Singular *Marcelli* würde nöthigen, entweder an den Helden des Hannibalischen Krieges — was unsinnig — oder lediglich an die Persönlichkeit des jungen Marcellus zu denken — was ungeschickt deutlich sein würde. Denn auch die in *crescit* wie in *occulto aevo* liegende Prophezeiung heischt einen verschleiernden Ausdruck: *crescit occulto aevo fama* ist übrigens ganz ebenso gesagt wie *vivet extento Proculeius aevo* II 1, 5.

sache, dass Marcellus Augusts Neffe war, allein nicht ausreichend: erst von dem Augenblick an, wo es ausgesprochen war, dass er dem Iulischen Hause am nächsten stehe, durfte er auch im Liede demselben unmittelbar zur Seite treten. Erst seitdem ihm August seine Tochter Iulia verlobt[50]) und dadurch ein Anrecht auf die Nachfolge gegeben zu haben schien, kann die Vereinigung des Iulier- und Marcellernamens als Abschluss an das Ende der glänzenden Namenreihe treten, welche gleichsam als Ahnen nicht des Blutes, sondern der geistigen Verwandtschaft dem römischen Volke aus dem neugeschlossenen Bunde Glück und Segen gewährleisten. Und wenn auf den in jugendlichem Ephebenalter stehenden Marcellus das Pindarische αὔξεται δ' ἀρετὰ χλωραῖς ἐέρσαις ὡς ὅτε δένδρεον ᾄσσει (Nem. 8, 40) angewandt ist, so ist zur Hervorhebung des *Iulium sidus* mit feinstem Compliment das Bild gewählt, in welchem Sappho (fr. 3) höchste Frauenschönheit feiert. Aber die Erfüllung der Hoffnungen, welche diese Verbindung erregt, liegt in der Zukunft verborgen, und diese ruht in der festen Hand desjenigen, der jetzt gerecht dem Erdkreis gebietet und vor dem sich die Völker des fernen Ostens beugen sollen. So möge denn Vater Juppiter schirmend auch ferner seine Hand über Augustus halten und mit seinen Blitzen die Frevel der Ruchlosen ahnden. Mit diesem Gebet erst ist das Lied zu seinem befriedigenden Abschluss gelangt: ἐκ Διὸς ἀρχόμενος ist der Dichter zu seinem Ausgangspunkt zurückgekehrt. Wer diesen Gedankengang in seinen Einzelheiten übersieht, dem wird die Beziehung des Ganzen auf die Verbindung des Marcellus und der Iulia nicht mehr so verwunderlich dünken wie dem alten braven Gesner; freilich ist es kein Epithalamium: der vollzogene Ehebund hätte hellere Töne, grellere Farben bedingt: Haupt hat mit feiner Empfindung unzweifelhaft das Richtige getroffen, wenn er es auf die Zeit bezog, in der die Vermählung nahe bevorstand.

---

[50]) Diese Beziehung auf die Verlobung mit Iulia würde nicht nothwendig in den Worten liegen müssen, wenn bereits vorher Marcellus von Augustus wäre adoptirt worden, wie Plutarch angiebt τοῦτον ἅμα παῖδα καὶ γαμβρὸν ἐποιήσατο Καῖσαρ (Anton. 87; vgl. auch Serv. ad Aen. VI 862). Dies scheint aber völlig aus der Luft gegriffen.

III 27.

'Ein blödsinniges Gedicht!' — beginnt Lehrs seine Besprechung: und in der That, wer es versucht von der Situation aus, welche die Anfangsstrophen voraussetzen, einen Übergang zu dem mythologischen Gemälde zu finden, welches den Haupttheil der Ode ausmacht, zu der Fahrt Europens über das Meer auf dem Rücken des Stieres und zu ihrer verzweiflungsvollen Klage am Gestade Kretas, der verwickelt sich mit jedem Schritt in Schwierigkeiten und geräth in unaufhellbares Dunkel. Wer ist die reisefertige Galatea? wie haben wir uns das Verhältniss des Dichters zu ihr zu denken, diese sonderbare Mischung von Onkel und Liebhaber? was soll sie aus dem Beispiel Europens für sich entnehmen? Auf keine dieser Fragen lässt sich befriedigende Antwort geben; wer vom Eingang aus das Verständniss der Ode zu gewinnen sucht, wird bald genug voll Ärger sich geneigt fühlen dem Lehrsschen Ausruf kurzer Hand beizupflichten.

Und doch nicht ganz mit Recht: denn was zwingt uns die Absicht des Dichters in etwas Anderem zu suchen, als in der Darstellung dessen, was schon rein äusserlich den breitesten Raum in seiner Dichtung einnimmt, in der Darlegung der Europasage? Gesetzt, Horaz wollte den Versuch machen, eine Sage in der Form des Liedes zu behandeln, so konnte er das auf zweierlei Weise: entweder in der Art des chorischen Melos, indem er die κεφάλαια τοῦ λόγου heraushob und in den charakteristischsten Zügen vorführte. So ist er in I 15 verfahren, wo er die Hauptmomente des durch Paris Frevel hervorgerufenen Kampfes um Ilion in summarischer Weise vor dem Leser aufrollt, Helenas Entführung, die Vereinigung der achaeischen Helden, das persönliche Eingreifen der Götter, Paris Tod und den endlichen Fall von Ilion, der durch den Raub des Palladiums[51]) entschieden nach langen

---

[51]) Darum *Laertiaden exitium tuae genti* 21. Verwunderlich ist ja sicherlich in den darauf folgenden Strophen neben der sichtlichen Bezugnahme auf bestimmte Verse des homerischen Epos das Hervorheben gerade solcher Helden, welche in der Ilias mehr im Hintergrund bleiben, besonders des Sthenelus

Kämpfen, trotz des Aufschubs, welchen Achilleus Zorn bereitet, erfolgen wird. Das Alles ist dem schicksalskundigen ἅλιος γέρων in den Mund gelegt, und wird von ihm dem Urheber aller dieser Leiden in kunstvoll zwischen Prophetie (str. 2. 4. 5. 8. 9) und Vision (str. 3. 6. 7.) abwechselnder Rede verkündet.

Oder aber er griff aus dem gegebenen Verlauf der Sage einen einzelnen Moment heraus, der für die Behandlung in Form des Liedes am fruchtbarsten schien, in welchem sich der Inhalt der Sage am leichtesten zusammendrängen liess. Diesen Weg hat Horaz eingeschlagen, als er die Sage von den Danaostöchtern in III 11 darzustellen unternahm. Hier ist Alles angeknüpft an den spannenden Moment, in welchem Hypermnestra in dem Conflict zwischen dem Gebot des Vaters und der Liebe zu ihrem Gatten, ihre Hand von Blutschuld rein erhält und Lynkeus mahnt zu fliehen und sie ihrem Schicksal zu überlassen. In diese Mahnung (v. 36—52) ist alles Wesentliche verflochten: das tückische Gebot des Vaters, der Frevel der Schwestern, ihre eigenen schweren Heimsuchungen durch den Zorn des Vaters. Dass die Befürchtung, welche das rührende Schlusswort *nostri memorem sepulcro sculpe querellam* eingiebt, sich nicht erfüllen, sondern Aphroditens Dazwischentreten das Schlimmste wenden werde, deutet bereits

---

(auch IV 9, 20): Dass es aber nicht gerathen ist, in solchen Zügen lediglich Willkür des Horaz zu sehen, lehrt der Katalog des Hygin 114, nach welchem Sthenelus — denn so ist für das corrupte *Linus* zu schreiben — 20 Troer getödtet hat; vgl. auch Dictys IV 12. So scheint mir auch in den Versen *nequiquam ... calami spicula Cnosii vitabis strepitumque et celerem sequi Aiacem* diejenige Überlieferung zu Grunde zu liegen, nach welcher in Ausführung des sophokleischen Motivs οὐδέ σου προσχρῄζομεν τά γ' ὁπλ' ἔχοντες ταῦτ' (Philokt. 1055), es nicht Philoktet, sondern ein anderer Bogenschütze ist — also doch wohl Aias — welcher Paris mit den Pfeilen des Herakles erlegt *quas misit Philoctetes cum ipse non potuisset adferre morte praeventus* Serv. ad Aen. II 13. Oder sollen diese und ähnliche späte Wucherungen der homerischen Sage, welche die römische Poesie von des Laevius cyprischer Ilias an bis zu Virgil und Pompeius Macer (Ovid. am. II 18, 1; ex Ponto II 10, 13) beschäftigt haben, ohne jeglichen Einfluss auf Horaz geblieben sein? Zumal in demjenigen Gedicht, welches zu seinen allerfrühesten Versuchen in der Odendichtung gehört, wie die Zulassung der trochaeischen Basis in *ignis Iliacas domos* zeigt.

dum favet nox et Venus kenntlich an. Nur das Geschick der Schwestern, die Strafe welche diese nach der jüngeren, uns fast nur bei den römischen Dichtern vorliegenden Sage ⁵²) in der Unterwelt trifft, konnte selbstverständlich nicht hierein verwoben werden: dies musste in anderer Weise exponirt werden. Freilich ohne bestimmten Anlass meidet die Phantasie das Schattenreich: so oft Horaz auf die Unterwelt und die *tormenta nocentum* kommt, immer motivirt er es dadurch, dass er entweder selbst beinahe das Schattenreich betreten (II 12), oder an die Betrachtung, dass jedem dieser letzte Weg bevorstehe, anknüpft (II 14. 18 IV 7). Derartige Todesgedanken waren hier nicht an ihrer Stelle: statt dessen lässt er mit geistreicher Erfindung Orpheus ⁵³) hinabsteigen und mit seinem

---

⁵²) Erst sehr spät ist das φορεῖν ὕδωρ εἰς τὸν τετρημένον πίθον Seitens der ἀμύητοι (Plat. Gorg. 493 B) auf die versiegenden argivischen Brunnennymphen übertragen worden, deren Blutschuld in der älteren Sage durch Athena und Hermes völlig gesühnt ward (Apollod. II 1, 5). Die erste Spur davon scheint in der Erwähnung der Δαναίδων ὑδρεῖαι ἀτελεῖς im Axiochus 371 E, und wohl ziemlich gleichzeitig in den Darstellungen der Unterwelt auf unteritalischen Vasen (O Jahn, Berichte d. sächs. Ges. 1869, 7) vorzuliegen.

⁵³) Das Orpheus das Subject zu *tu potes tigris comitesque silvas ducere et rivos celeres morari: cessit immanis tibi blandienti ianitor aulae* ist, zeigt die Vergleichung mit I 12, 9 *Orphea ... arte materna rapidos morantem fluminum lapsus celeresque ventos, blandum et auritas fidibus canoris ducere quercus*, welche auch darum lehrreich ist, weil sie zeigt, wie sehr bei derartigen Wiederholungen Horaz bemüht war, den Ausdruck zu variiren. Die darauf folgende Strophe *Cerberus, quamvis furiale centum muniant angues caput eius atque spiritus teter saniesque manet ore trilingui* ist natürlich unecht. Durchschlagend hierfür ist, ganz abgesehen von den bekannten stilistischen Anstössen, die sich zum Theil ja durch Änderung des Textes würden beseitigen lassen, dass der Verfasser dieser Schilderung des Cerberus dieselbe aus II 13, 33 und II 19, 31 contaminirt hat (Naeke Opusc. I 75. 76), obendrein mit dem Missverständniss, als ob in *intorti capillis Eumenidum ... angues* (II 13, 35) der Genitiv *Eumenidum* von *angues* regiert sei, während umgekehrt, als Horaz II 13, 37—40 verfasste, die verwandte Schilderung von der Macht des Gesanges über die Schatten in III 11, 21—24 bereits vorlag, und von ihm in der Weise variirt worden ist, dass an Stelle des Ixion, Tityus und der Danaiden dort, Prometheus, Tantalus und Orion hier eintreten. Da aber in III 11 die Erwähnung der Danaiden durch die Composition nothwendig bedingt ist, so folgt daraus, dass II 13 später verfasst ist. Und unbefangene

Liede die Unseligen ihre Qualen für Augenblicke vergessen machen. So ergiebt sich in ungezwungenster Weise die Veranlassung die Danaiden zu nennen, ihre Strafen zu schildern, und mit dem Handeln Hypermnestras zu verknüpfen (v. 12—36). Ein echtes Lied wäre das aber noch immer nicht gewesen: ein solches muss aus ganz individuellem Anstoss, aus bestimmter Veranlassung heraus erklingen. Was konnte aber geeigneter sein die Phantasie auf die Macht des orphischen Liedes und auf die Geschicke derjenigen zu lenken, welche gegen Aphroditens Satzungen gefrevelt haben, als die unüberwindliche Sprödigkeit eines geliebten Mädchens? Mit der Erfindung der jungfräulich unzugänglichen Lyde schliesst die gesammte Composition auf das Geschickteste zusammen; die Macht des Gesanges, welche die Pforten der Unterwelt gesprengt, soll auch ihr Herz dem Dichter öffnen, die Strafe der spröden Töchter des Danaos sie warnen, sich nicht länger fühllos seinem Werben zu verschliessen. Auf diese Weise ist der Schein erzeugt, als sei das Gedicht bei bestimmter Gelegenheit aus unmittelbarer Empfindung heraus concipirt; freilich darf es nun nicht mehr der mythische Orpheus sein, der das Herz der Jungfrau rührt: an seine Stelle tritt das Instrument, und da dieses einen Spieler verlangt, muss nun der Gott selber, der die Leier erfunden hat, sich dazu bequemen dem Dichter diesen Liebesdienst zu erweisen. Und ebenso muss der Mythus von Hypermnestra und Lynkeus möglichst des scharf umrissenen Details entkleidet in das Halbdunkel eines symbolischen Herganges gerückt werden: es ist kein Zufall, dass das Lied die Namen der Träger des Mythus verschweigt.

Genau ebenso verhält es sich mit III 27: auch hier ist die Darstellung des Mythus nicht an eine in der Wirklichkeit gegebene und poetisch verarbeitete Situation angeschlossen, sondern um die Europasage behandeln zu können, hat Horaz eine Einkleidung dazu erfunden, welche den Anschein erwecken sollte,

---

Vergleichung der eben angeführten in Beziehung zu einander stehenden Schilderungen der Macht des Orpheus über die leblose Natur in I 12 und III 11 wird auch hier der einfacheren Fassung in unserer Ode die zeitliche Priorität zuerkennen.

als sei der Mythus Stimmungsausdruck eines ganz bestimmten Momentes, seine Darlegung somit individueller Veranlassung entsprungen. Die Sage in die Form des aeolischen Liedes zu bringen, das war das künstlerische Problem, welches er sich gestellt, dessen Lösung ihm freilich in diesem Falle weit weniger gelungen ist als bei der Hypermnestrasage. Ob er sich dabei an ein bestimmtes Vorbild, und an welches anlehnte, ist schwer zu sagen. Seit Hesiod hat ja die Entführung Europens zu den dankbarsten mythischen Vorwürfen des Melos gehört: Stesichorus (ἐν Εὐρωπείᾳ schol. Eur. Phoen. 670), Simonides (ἐν τῇ Εὐρώπῃ Miller mélanges 430), Bakchylides (ἡ ἱστορία παρὰ Ἡσιόδῳ καὶ Βακχυλίδῃ Schol. Il. M 292) haben sie behandelt; nicht minder die Poesie der Alexandriner: das Epyllion des Moschus liegt noch jetzt vor. Dass die Horazische Dichtung von diesem letzteren beeinflusst sei, wird viel geglaubt: schwerlich mit Recht: denn Übereinstimmung in Einzelheiten der Schilderung, welche nothwendiger Weise in jeder dichterischen Behandlung der Sage wiederkehren mussten, beweist nichts. Um so schwerer fällt Abweichung in den wenigen variablen Momenten ins Gewicht: während der Stier, welcher Europa entführt, der älteren Sage entsprechend auch bei Moschus der Gott selbst ist, setzt die Klage Europas bei Horaz voraus, dass derselbe nur von Zeus gesandt ist, wie der Adler der Ganymed entführt⁵⁴), und dass der Gott selbst sich erst in Kreta kund thut. Diesen pathologischen Moment, da Europa vom Stier an das Gestade von Gortyn gesetzt, ehe ihr Zeus selbst erschienen, hilflos

---

⁵⁴) Vgl. O Iahn, die Entführung der Europa (Denkschriften der Wiener Akad. Phil.-Hist. Kl. XIX) 4. So schon Akusilaos bei Apollod. II 5, 7. τὸν Κρῆτα — ταῦρον — Ἀκουσίλαος μὲν εἶναί φησι τὸν διαπορθμεύσαντα Εὐρώπην Διί. Und dass nicht der Gott selbst Europa entführt hat, zeigt die völlige Unklarheit derselben über ihr Geschick: nur soviel ist ihr deutlich, dass sie, die züchtige Jungfrau, in Folge ihres leichtsinnigen Spieles mit dem Trugbild des Stieres jetzt hinausgestossen ist, fern vom Schutz des Vaterhauses, allen Unbilden des Schicksals preisgegeben. Mehr liegt nicht in den Wendungen *virginum culpa, turpe commissum, inpudens liqui*, und das allein zweideutige *modo multum amati* — *monstri* erklärt sich ausreichend aus Moschus ἡ δέ μιν ἀμφαφάασκε καὶ ἠρέμα χείρεσσιν ἀφρὸν πολλὸν ἀπὸ στομάτων ἀπομόργνυτο καὶ κύσε ταῦρον (95).

auf den Klippen des einsamen Strandes unter der immergrünen Platane (Plin. XII 11; hieraus ist bei Horaz die *ornus* v. 58 geworden) eine Beute rathlosester Verzweiflung ist, hat Horaz herausgegriffen und in einem Klagemonolog Europas (36—66) zum Ausdruck gebracht. Eine kurze einleitende Exposition (25—35) giebt die Voraussetzungen: die Entführung der blumenpflückenden Jungfrau am Abend, ihre Fahrt auf dem Rücken des Stieres in der Sternennacht über den *pontus beluis scatens*, die Ankunft in Kreta. In dem nun folgenden Monolog hat Horaz neben der Verzweiflung der Jungfrau auch den Zorn des Vaters und die ironische Reflexion des Erzählers, der da weiss, dass Ende gut, Alles gut in Einem zum Ausdruck zu bringen versucht: es ist ihm auch gelungen die Monotonie der Klage durch das Hereinziehen des die entartete Tochter apostrophirenden Vaters (51—66) zu unterbrechen; dagegen stört unser Empfinden die nur im Munde des ironischen Dritten angebrachte Betrachtung *antequam turpis macies decentis occupet malas, teneraeque sucus defluat praedae, speciosa quaero pascere tigris*. Aber billig ist das Vergnügen über die Unangemessenheit dieser Betrachtung im Munde der hilflosen Europa zu spotten: an der psychologischen Wahrscheinlichkeit dieser Klage ist Horaz gar nichts gelegen: an diese Forderung der ephemeren Aesthetik unserer Tage hat er nicht im Traume gedacht, auch nicht denken können, da seine Europa keine *persona dramatis* ist. Vielmehr kam ihm es allein darauf an, die im Mythus liegenden Züge, welche geeignet sind den Leser zu rühren und die Phantasie zu ergreifen, möglichst stark und allseitig zur Geltung zu bringen. Darum setzt er die grellsten Farben auf, um so grellere, je weniger eigentlich die Besorgnisse Europas begründet sind und im nächsten Augenblick in Nichts zerfliessen sollen. Das bringt in das Pathos der Lage eine unverkennbare Ironie, welche dann auch in den Schlussstrophen, in denen Venus die schliessliche Lösung verkündet (66—76), unverholen Ausdruck findet.

Aus dieser von Lehrs gründlich verkannten ironischen Stimmung heraus ist nun die Situation erfunden, an welche der Mythus anknüpfen soll. Oder sollen wir wirklich so naiv sein uns einzubilden, dass es dem Spötter Horaz mit der ganzen Musterkarte von nicht weniger denn neun verschiedenen *omina obscaena* und *sinistra*, die er dem Leser im Eingange (v. 1—16) vorführt, Ernst sei? Die mythische Europa, welche das Vaterhaus verlassen hat, um auf dem Rücken des Stieres über die Wellen dahin zu fahren, der grossen Zukunft als *Iovis paelex* entgegen, erzeugt ihm als reales Gegenstück aus der Gegenwart das Bild des römischen Mädchens, welches sich anschickt die Fahrt über das Meer anzutreten — meinethalben der Zukunft an der Seite ihres Praetors in Illyricum (Prop. I 8 = Ovid. am. II 12) entgegen. Möge sie Glück haben, die moderne Nereide Galatea, und die Seekrankheit sie nicht anfechten; *hostium uxores puerique caecos sentiant motus orientis austri*, — das soll doch nicht etwa Ernst sein? Dass diese nicht weiter ernsthaft gedachte und noch weniger ernsthaft zu nehmende Situation in solcher Breite ausgesponnen ist, mag man ja billig als einen Missgriff tadeln, aber so unverständlich ist es nun doch nicht mehr, wenn dieses 'Glückliche Reise!' sich steigert bis zu dem *sic et Europe niveum doloso credidit tauro latus*, und nun nach diesem Sprung kopfüber das Lied lustig im Fahrwasser des Mythus weiterschwimmt.

Epod. 16.

Für das älteste unter den lyrischen Gedichten, welche Horaz später in die Sammlung seiner Poesien aufgenommen hat, gilt mit Recht die sechszehnte Epode. Falls wenigstens der Dichter nicht mit dem Gedanken, die dem Verderben geweihte Heimath zu verlassen, um im fernen Westen sich ein neues Dasein zu gründen, bloss ein poetisches Spiel getrieben hat, ist es undenkbar, dass er den etwa Zurückbleibenden als einen verkommenen Philister der *mollis et exspes inominata perprimat cubilia* der Verachtung preisgegeben haben sollte, nachdem er in engere Beziehung zu Maecenas getreten. Führt also diese Erwägung auf die Zeit von November 712 bis Frühjahr 716, so legt die deutliche, zuerst von Düntzer wahrgenommene Wechselbeziehung zwischen der Schilderung Virgils in der im Herbst 714, unmittelbar

nach dem Abschluss des Friedens von Brundisium gedichteten und den Anbruch des neuen *magnus saeclorum ordo* inaugurirenden vierten Ekloge
*ipsae lacte domum referent distenta capellae
ubera nec magnos metuent armenta leones* (21. 22)
und den horazischen Versen
credula nec ravos timeant armenta leones (34)
und *illic iniussae veniunt ad mulctra capellae
refertque tenta grex amicus ubera* (49. 50)
es nahe, die Entstehung beider Gedichte möglichst in dieselbe Zeit zu rücken. Wer von beiden Dichtern der Vorgänger gewesen, lässt sich natürlich nicht mit Gewissheit entscheiden: derjenige Zusammenhang, nach welchem dem späteren und reiferen sowie mit der Gegenwart bereits ausgesöhnten Dichter das Glück, welches der jüngere noch in fernen Utopien sucht, als bereits hier in der Heimath unmittelbar anbrechend vor Augen steht, scheint mir der naturgemässere zu sein. Danach würde die sechszehnte Epode unter den Wirren des Perusiner Krieges oder unter dem Eindrucke der Landung des Antonius in der ersten Hälfte des Jahres 714 gedichtet sein.

Scharf tritt die metrische Form aus der Reihe der übrigen Epoden heraus: dem daktylischen Hexameter folgt als Epode nicht ein einfaches kleineres Kolon oder eine asynartetische Reihe, sondern die iambische Hexapodie: die beiden Typen also, aus denen die ältere griechische Theorie die vielgestaltigen metrischen Formen des Melos abgeleitet hat, erscheinen hier zur Einheit der distichischen Periode verknüpft. Und beide Maasse sind mit äusserster Sauberkeit behandelt. Der Hexameter meidet jegliche Verschleifung — vielleicht zum ersten Male erscheint dies den Dichtern des catonischen Kreises noch unbekannte Wohllautsgesetz befolgt — und sucht in alexandrinisirender Weise durch den Reiz spondeischer Ausgänge zu wirken[55]). Die Iamben sind

---

[55]) Auch in den Epoden 12. 13. 14 sind die lyrischen Hexameter fast ganz ohne Verschleifung, denn 12, 9 *neque illi* 14, 15 *neque uno* sind nicht zu rechnen: beide Male ist *nec*, was 14, 15 auch die meisten Handschriften bieten, einzusetzen. Dagegen 15, 5 *procera adstringitur* 9 *intonsosque agitarit*

völlig rein gehalten⁵⁴). So giebt sich das Ganze als ein vollendetes metrisches Kunststück: das Meisterstück des aufstrebenden Anfängers.

Kunstvoll ist das verschiedenartige ἦθος der metrischen Elemente in Beziehung gesetzt zu der Getheiltheit der Stimmung, von welcher der Dichter beherrscht wird. In die zornige Bitterkeit des Patrioten, dem das Herz darüber schwillt, dass Rom dem Untergang durch der eigenen Bürger Hand rettungslos verfallen sein soll, und der die Gegenwart verzweiflungsvoll als verloren aufgiebt, mischt sich die hoffnungsvolle Sehnsucht des jugendlichen Gemüths, welches vom Dasein noch ein Paradies des Glückes und Friedens heischt, wohl erreichbar für diejenigen, die in energischem Entschlusse der Heimath den Rücken zu kehren vermögen. Die hasserfüllte Iambenstimmung, aus welcher heraus der Poet die Feder ansetzt, entladet sich in der Erinnerung an den Heroismus der Phokaeer, welche die persischer Zwingherrschaft verfallene Vaterstadt für immer verliessen, und findet Beruhigung in dem breit ausgeführten idyllischen Gemälde des Paradieses, welches ihn und seine Genossen fernab im Ocean, unberührt vom Fluch menschlichen Thuens erwarte.

Diese Doppeltheit der Stimmung spricht sich gleich im ersten Distichon aus: der Hexameter 'über endlosem Bürgerzwist verstreicht bereits ein zweites Menschenalter' weist schon vorbereitend hin auf die spätere Frage: 'wer möchte nicht aus diesem jämmerlichen Dasein heraus sich irgendwohin retten?' Zunächst aber behält im Iambus der Zorn das Wort: 'Pfui, dass durch der eigenen Bürger Hand die Stadt in Staub sinkt, welche bisher allen äusseren Feinden von Nah und Fern, so viele ihrer sie

---

17 *quicumque es* 19 *pecore et.* In den Oden hat sich Horaz in I 7 und 28 — doch hier nur 19 *senum ac iuvenum* — an dies Gesetz nicht gebunden: IV 7 hat nur 25 Verschleifung in *neque* (*nec?*) *enim.* — Spondeische Ausgänge: 16, 17 *Phocaeorum* 16, 29 *Apenninus.*

⁵⁵) Die erste Silbe von *Etrusca* v 4 und 40 ist natürlich, wie auch in den Sermonen I 6, 1; 10, 61 kurz gemessen; lang in den Oden I 2, 14 III 29, 35 C. S. 38; v 14 ist daher trotz des Blandiniensis als allein richtig *nefas videre*, und nicht *videri*, geboten.

bedroht haben, siegreich getrotzt!' Diese Empfindung strömt aus in umfassender Aufzählung der vormals bestandenen Feinde: ohne an chronologische Folge sich zu binden, schreitet diese Aufzählung, anhebend mit den *finitumi Marsi* und Porsena, vom Nächsten zu den Ferneren fort, abschliessend mit dem Erzfeind Hannibal; in der Auswahl bedingt von individueller und eben deshalb für uns nicht immer sicher erkennbarer Stimmung und Erinnerung. So mögen die Erzählungen von den Mordbrennerbanden des *Spartacus acer* und ihrem Hausen in Lucanien zu den frühesten Kinderstubenerinnerungen des Knaben gehört haben — vgl. auch III 14, 19 — und der Triumph des C. Pomptinus über die Allobroger am 3. Nov. 700 kann füglich der erste und somit stärkste derartige Eindruck römischer Siegesherrlichkeit gewesen sein, den der jugendliche Municipale in der Hauptstadt[57]) empfing. Genug: dieses sieghafte Rom
impia perdemus devoti sanguinis aetas,
ferisque rursus occupabitur solum.
Damit wird in ausschauendem Blick weit vorgegriffen auf die Folgen der in den beiden nächsten Distichen geschilderten Verwüstung der also in Zwietracht gelähmten Stadt durch nunmehr siegreiche Barbarenhorden. Dieses Vorgreifen ist psychologisch wohl motivirt: der Fluch, der das Blut des Römervolkes vergiftet, ist ja das *scelus fraternae necis, ut immerentis fluxit in terram Remi sacer nepotibus cruor.* ep. 7, 18, und unwillkührlich steigt deshalb vor des Dichters Phantasie das Bild auf, welches die Siebenhügel vor ihrer Besiedelung boten. Doch nur für einen Augenblick: dieses Schicksal erfüllt sich ja erst, wenn der siegreiche Parther[58]) hoch zu Ross über die Brandstätte, durch die

---

[57]) Schwerlich hatte Horaz das zehnte bis zwölfte Jahr überschritten, als ihn sein Vater aus der Schule des Flavius, welche durch die Söhne der von Sulla in Venusia angesiedelten Veteranenfamilien für den angesessenen Kleinbürger ungemüthlich gemacht war — denn das steckt hinter dem *magni quo pueri magnis e centurionibus orti ibant* (S. I 6, 73), — fortnahm, um ihn zu dem bewährten Beneventaner Landsmann nach Rom zu bringen.

[58]) Denn dieser ist unter dem *barbarus victor* in erster Linie gemeint, wie der verwandte Ausdruck in der kaum zwei Jahre später Anfang 716

öden hallenden Strassen einziehen wird, des Romulus irdische Gebeine aus ihrer Gruft bei den Rostren in die Winde zu zerstreuen [59]).

Die erste Gedankenreihe ist abgelaufen: die nächstliegende Frage ist 'giebt es denn keine Möglichkeit diesem Schimpfe zu entgehen? Keine; es sei denn, wir verlassen die dem Verderben verfallene Heimath auf Nimmerwiederkehren, und ziehen wie die Phokaeer in die Ferne'. Bis hierher hatte der Dichter in eigenem Namen eigenem Gefühle Worte gegeben: jetzt wo er ausholt zu der *Φωκαίων ἀρά* und die Empfindung sich in That umsetzen soll, bedarf es gleichgesinnter zu gleichem Handeln entschlossener Kameraden. An solche wendet sich das folgende Distichon [60])

*forte quid expediat communiter aut melior pars
malis carere quaeritis laboribus?
nulla sit hac potior sententia:*

um ihnen den Heldenmuth der Phokaeer in die Erinnerung zu rufen und sie aufzufordern, wie jene gethan, den entweihten

---

verfassten siebenten Epode '*ut secundum vota Parthorum sua urbs haec periret dextera* zeigt. Ende 713 waren die Parther unter Labienus siegreich bis nach Cilicien vorgedrungen.

[59]) Dass die natürliche Abfolge dieser Schreckensbilder, in denen die Phantasie wühlt, völlig zerrüttet wird, wenn man wie Peerlkamp wollte, v 13. 14 vor 11. 12 stellt, bedarf wohl keines Beweises.

[60]) Schwierigkeiten hat hier die grammatische Structur bereitet. *Forte* in der Bedeutung von *forsitan* braucht uns allerdings nicht sehr zu stören: der Satz ist ja ein verkappter hypothetischer Vordersatz für (*si*) *forte ... quaeritis: nulla sit potior sententia.* Aber welches ist das Object zu *quaeritis?* Schwerlich *malis carere laboribus*: denn dass die Besseren das Streben nach Rettung erfüllt, ist doch selbstverständlich und kann füglich nicht bloss hypothetisch angenommen werden. Wohl aber setzt der Nachsatz: *nulla sit hac potior sententia* sichtlich eine Frage voraus, auf welche Antwort ertheilt wird. Da ist es doch wohl das natürlichste, zu verbinden: (*si*) *forte quid expediat ... quaeritis*: dann sind die folgenden Ablative *malis laboribus* von *expediat* abhängig, wie in *non mortis laqueis expedies caput* III 24, 8 oder *unde expedire non amicorum queant libera consilia* ep. 11, 25. Der Infinitiv *carere* tritt hinzu, das Ziel der Thätigkeit bezeichnend (ὥστε ἀπηλλάχθαι κακῶν), wie in *loricam ... donat habere viro* Verg. aen. 5, 260 *dum ex parvo nobis tantundem haurire relinquas* serm. I 1, 52 *tristitiam et metus tradam ... portare ventis* c. I 26, 1.

Boden der Heimath dem Fluch der Götter zu überantworten und hinaus zu ziehen ins Weite, wohin die Füsse tragen oder der Fahrwind treibt[61]) (17—22). Und nun überlässt er sich ganz der von der Phantasie geschaffenen Situation: als sehe er sich im Kriegsrathe flüchtiger Genossen zunächst ein kurzes Innehalten: 'seid ihr es entschlossen?' und da Besseres Keiner vorzuschlagen weiss: 'vorwärts, zu Schiffe!' (23. 24). So spricht er denn als Führer die Eidesformel vor, welche von dem historischen μὴ πρὶν ἐς Φώκαιαν ἥξειν πρὶν ἢ τὸν μύδρον τοῦτον ἀναφανῆναι (Herod. I 168) ausgehend (*simul imis saxa renarint vadis levata*), dieses gefeierte und sprüchwörtlich gewordenen 'Niemals!' mit allen Mitteln des τόπος ἐκ τοῦ ἀδυνάτου variirt (25—34). Mag hier im Einzelnen die jugendliche Rhetorik des Dichters über das Ziel hinausschiessen, das Verweilen seiner Phantasie bei diesen Bildern ist wohl begründet: je schwerer der Entschluss, der Heimath für immer zu entsagen, fällt, um so weniger kann er sich in der Verbürgung desselben genug thun.

Der Fluch ist ausgesprochen: die Besten sind es, die sich zu so heroischem Entschlusse aufraffen, noch einmal lodert der Zorn auf und spornt sich selbst zu rücksichtslosem Handeln in dem Gedanken, dass nur die erbärmlichen Wichte es sind, welche zurückbleiben (35—38). Schon sieht sich der Dichter zur See, und die heimische Küste entschwindet dem Auge (39. 40), jetzt kehrt sich all sein Denken der Zukunft zu. Nicht umsonst erzählte man sich, dass dem letzten Kämpfer für die Sache der Demokratie in der ersten Epoche der Bürgerkriege, Sertorius, einst der Gedanke gekommen, hinaus aus den Säulen des Herkules zu steuern nach den wunderbaren Inseln der Seligen (Plut. Sert. 8 = Sall. hist. I 61. 62). Ähnliches mag nach Philippi gewiss öfters von den Flüchtlingen geplant worden sein. So weist denn auch der Dichter die Genossen auf dieses Ziel hin: in den

---

[61]) Dass von der in v 21 gestellten Alternative auf die erste Möglichkeit *ire pedes quocumque ferent* im folgenden gar nicht mehr zurückgegriffen wird und es schon v 24 nur heisst *ratem occupare quid moramur* ist dadurch hinlänglich gerechtfertigt, dass es ja von vornherein das Beispiel der Phokaeer ist, welches der Nacheiferung empfohlen wird.

verlockendsten Farben, als gelte es, das goldene Zeitalter zu schildern, malt er die Herrlichkeiten aus, die ihrer dort harren (41—62). Dort erwartet sie ein Paradies, wo schon jetzt mühlos, ohne des Menschen Zuthun, die Natur Alles spendet; nicht bedarf es des Pflügers oder Winzers, nicht täuscht der Ölbaum seinen Pfleger und unveredelt bringt die Feige reife Frucht, ohne des Imkers Wartung baut die Biene, Bäche rauschen von den Höhen, kein Hirte braucht auf die Heerde Acht zu geben und sie vor reissenden Thieren zu schützen (41—52). Wie wird dort erst unsere Arbeit eine gesegnete sein: *pluraque felices mirabimur!* weder verschlämmen Regenfluthen den gepflügten Acker noch verbrennt Hitze die Saaten: keine Seuche rafft die Heerden zur Hundstagszeit hinweg: die Menschen mit ihrer Ruchlosigkeit sind noch nicht hierher gedrungen[62]), denn Juppiter *illa piae secrevit littora genti* (53—62). Hier ist noch der letzte Rest des goldenen Zeitalters geblieben, und Juppiter hat von Anfang an, seitdem er die Menschheit von Stufe zu Stufe hat sinken lassen, diese Gestade den Reinen bestimmt, welche sich entschliessen können, der Gegenwart den Rücken zu kehren.

Mit dieser tröstlichen Versicherung schliesst die Dichtung ab; der erbitterte Unmuth, der im Anfang die Feder führte, hat sich in dem Traumbild des erhofften Glückes beruhigt, der grim-

---

62) Den offenbaren engen Fortschritt: *non huc Sidonii torserunt cornua nautae, laboriosa nec cohors Ulixei: Iuppiter illa piae secrevit littora genti* unterbricht das an und für sich untadelhafte Distichon
nulla nocent pecori contagia, nullius astri
gregem aestuosa torret impotentia.
welches Haupt deshalb in den späteren Auflagen seiner Ausgabe als unecht ausgeschieden hat. Und in der That, von der Nennung der Irrfahrten des πολύτλας Ὀδυσσεύς aus diesen Seitensprung zu Pest und Viehseuche zu machen, um gleich darauf wieder in das verlassene Geleise einzulenken, liegt nicht die leiseste Veranlassung vor. Andererseits aber: wenn der Segen, der hier auf des Landmanns Arbeit ruhen wird, ausgemalt werden soll, so ist neben dem Gedeihen der Saaten auch das Gedeihen der Heerden ein so nahe liegender Gedanke, dass man die Erwähnung desselben doch nur ungern missen würde. Also ist hier keine Athetese, sondern eine einfache Umstellung angezeigt: nach v 56 bereiten die beiden Verse nicht die geringste Schwierigkeit.

mige Eiferer sich in einen *vates* verwandelt. Dem Iambus gegenüber hat der Hexameter das letzte Wort behalten: aus der archilochischen Epode ist schliesslich eine regelrechte Elegie geworden. Darum ist ja dieses Gedicht von solchem Interesse, weil es lehrt, wie Horaz schon in den ersten Anfängen seiner poetischen Thätigkeit, als ihn *paupertas impulit audax ut versus faceret,* wie er in späterem Rückblick mit deutlicher Anspielung auf Archilochus sagt, mit vollster Absichtlichkeit die herkömmliche metrische Form des elegischen Distichons bei Seite lässt, um sich für den elegischen Inhalt seine eigene originelle[63]) Form zu schaffen. Das war es, was Virgils und Varius Aufmerksamkeit auf ihn lenkte: wir begreifen aber auch, weshalb Maecenas nicht sofort mit beiden Händen zugriff, um den Dichter, der noch so unverholen seiner Verbitterung Worte lieh, an seine Person zu fesseln.

---

[63]) Originell natürlich in der Verwendung der distichischen Combination des Hexameters mit der iambischen Hexapodie für Compositionen von grösserem Umfang. Für das Epigramm ist das Maass schon im dritten Jahrhundert von kleinasiatischen Dichtern, Nikainetos (AP XIII 29), Hegesippos (AP VI 266 XIII 12), Phalaikos (AP XIII 27), Arkesilaos (Diog. IV 6 Grabschrift des Menodoros), Inschrift von Syros: Kaibel 211, verwandt worden.

Adolf Kiessling.

Nachträge.

Zu S. 27.
Übersehen ist Propert. III 20, 12; vgl. IV 25, 15.

Zu S. 56. F. L.

Während des Druckes geht mir durch die Güte des Verfassers O. Hirschfelds Untersuchung über das Neujahr des tribunicischen Kaiserjahres (Wiener Studien 1881, 97 fg.) zu. Sie macht es sehr plausibel, dass von August für 731 mit der Niederlegung des Consulats und der Annahme der *tribunicia potestas perpetua* am 26. Juni, dem Tage der Sommersonnenwende, auch die Begehung von *ludi saeculares* geplant war: dieselben seien dann bis 737 aufgeschoben worden; der Grund des Aufschubs sei in dem Tode des Marcellus zu suchen, der demnach noch in den Hochsommer fallen müsste. Allein angesichts des festen Datums, wonach Marcellus als Aedil *sine ludis ... a. kal. Aug. velis forum inumbravit, ut salubrius litigantes consisterent* (Plin. XIX 24), empfiehlt sich diese Erklärung des Aufschubs nur für den Fall, dass der Gedanke, den Eintritt des neuen Saeculum und den Ablauf der *ultima Cumaei carminis aetas* durch Spiele zu inauguriren, nicht in unmittelbarem Connex mit der Niederlegung des Consulats stand. Wenn übrigens die Antiquare des augusteischen Hofes ausgerechnet hatten, dass mit 731 die 440jährige, an das Pestjahr 291 anknüpfende Säcularperiode abgelaufen sei, folgt dann nicht aus dem Fehlen des *dictator clavi figendi caussa* für 291 auf der Capitolinischen Jahrestafel, dass dieselbe vor 731 ist eingegraben worden?

A. K.

Sachregister.

	Seite
Alcaeus, metrisches	68. 83
Anakreon, metrisches	66. 72
Apollo des Skopas	6
Apollo-Vediovis	92
Caesius Bassus	65
Cn. Calpurnius Piso cos 731	56
Camillus, Statue	103
Catull, metrisches	66
civis emphatisch	89
Danaiden	108
Delia	20
derivatio metrorum	64
ergo mit Pathos	86
Europasage	110
Gigantomachie	100
Heraklides Ponticus, metrische Theorie	65
Horatius, chronologisches C I 2	93
„ „ I 4	54
„ „ I 12	105
„ „ Ep. 16	113
„ „ A P.	58
„ metrisches: asklepiadeische Strophe	72
„ „ sapphischer Vers	64
„ „ spondeische Basis	66
„ „ Strophenschlüsse	82
„ „ Synaloephe	60. 113
„ „ Synaphie	69. 72
intonsi capilli	104
Kallimachus	55
Kleopatra die jüngere	53
Krinagoras	53
Maecenas, Prometheus	87
Maia	92
Metella-Perilla	22
Marcellus und Julia	70. 105
„ Tod	56
Metrisches s. Alcäus, Anakreon, Catull, Horaz.	
„ Phalaeceus	67
„ Strophenschlüsse bei griechischen Lyrikern	83
„ Theorie der Alexandriner	65. 113
mortis viae	26
Murena, Verschwörung	55
nimbifer arcus	18
Palaemon	65
Palilien	31
Paullus Silentiarius	54
Phalaeceus	67
Philoktet	107
Possessivpronomen	29
Proteus	79
que im Pentameter	26
Saecularspiele	120
Scauri	103
L. Sestius cos 731	54
Sibyllen	9
Sintfluth	90
Sthenelus	107
Tibullus, Ordnung u. Chronologie von B. I	19
„ Charakteristik	44
Troia-Roma	11
Varius	96
Virgilius in Athen	52
Virgil und Horaz, Beziehungen	60. 113

Stellenregister.

			Seite			Seite
Horatius od.	I	1	52	Horatius AP. 76		57
"	"	2	88—94	Hygin. 114		107
"	"	3	52	Krinagoras AP IX 235		53
"	"	4	54	" AP XI 42		53
"	"	6	95—98	" Anth. Plan. 4, 40		53
"	"	7	59	Paullus Silentiarius AP X 15		54
"	"	8	62. 68	Plaut. most. 149		62
"	"	9	62	Quintilian. IX 3. 18		103
"	"	10	63	Serv. ad. Aen. II 13		107
"	"	12	50. 99—105	Theokrit. XI 21		85
"	"	14	80	Tibullus I 1, 25		30
"	"	15	78. 106	" " 1, 35		31
"	"	16	87	" " 1, 46		32
"	"	18	80	" " 2, 7		35
"	"	20	74	" " 2, 63		36
"	"	23	72	" " 2, 88		39
"	"	24	86	" " 3, 50		26
"	"	32	78	" " 4, 25		28
"	II	1	85	" " 4, 28		19
"	"	2	53	" " 4, 43		18
"	"	5	84	" " 4, 71		18
"	"	9	71	" " 5, 11		41
"	"	11	81	" " 5, 42		41
"	"	13	108	" " 5, 47		27. 40
"	III	11	107—109	" " 5, 60. 61		40
"	"	27	109—112	" " 10, 51		27
"	"	30	52	" II 5, 4		7
"	ep.	16	112—119	" " 5, 21		11
"	serm. I	6, 73	115	" " 5, 53		28
"	epp. I	13	48	" " 5, 68		14. 27
"	" I	19, 28	67	" " 5, 83		15
"	" II	2, 51	119	" " 5, 110		15

THE UNIVERSITY LIBRARY
UNIVERSITY OF CALIFORNIA, SANTA CRUZ

This book is due on the last **DATE** stamped below.
To renew by phone, call **429-2756**
Books not returned or renewed within 14 days
after due date are subject to billing.

N. B. HOLD

MON OCT 2 9 1979

Series 2373

Epilog.

(Der Dichter spricht:)

Ich hab' das Ziel erreicht,
Das mächt'ge Ziel, das Dichtung sich gesteckt:
Ich habe die Gewalten aufgeweckt,
Die harrend in der Menschenseele schlafen
Und den Benutzer schrecklich strafen!
Denn die das Licht dem Himmel stahlen,
Vergingen unter seinen Strahlen. —
Das Licht erbleicht!
Ein schön'rer Morgen wird es neu entzünden.
Der Dichter weicht.
Ein Größ'rer soll den neuen Tag verkünden.

Zürich, Juni auf Juli 1898.

Berichtigungen:

Seite   7, Zeile 2 lese man statt Dir: Du.
  „   20,   „   1 füge man hinter Personen zu: und Er=
                   scheinungen.
  „   47,   „   7 lese man statt Und: Um.
  „ 111,   „ 16 streiche man den Apostroph hinter: flog.